防范化解重大风险丛书

防范化解
科技领域重大风险

钟开斌◎主编

国家行政管理出版社
NATIONAL ADMINISTRATION PRESS
·北京·

图书在版编目（CIP）数据

防范化解科技领域重大风险 / 钟开斌主编 . --北京：
国家行政管理出版社，2020.10
（防范化解重大风险丛书）
ISBN 978-7-5150-2485-1

Ⅰ.①防… Ⅱ.①钟… Ⅲ.①高技术产业−风险管理
−研究−中国 Ⅳ.①F276.44

中国版本图书馆 CIP 数据核字（2020）第 213517 号

书　　名	防范化解科技领域重大风险 FANGFAN HUAJIE KEJI LINGYU ZHONGDA FENGXIAN
作　　者	钟开斌　主编
责任编辑	李瑞琪　谢　伦
出版发行	国家行政管理出版社 （北京市海淀区长春桥 6 号　100089）
综 合 办	（010）68928903
发 行 部	（010）68922366　68928870
经　　销	新华书店
印　　刷	北京中科印刷有限公司
版　　次	2020 年 11 月北京第 1 版
印　　次	2020 年 11 月北京第 1 次印刷
开　　本	170 毫米×240 毫米　16 开
印　　张	13.25
字　　数	177 千字
定　　价	46.00 元

本书如有印装问题，可联系调换，联系电话：（010）68929022

实践反复告诉我们，关键核心技术是要不来、买不来、讨不来的。只有把关键核心技术掌握在自己手中，才能从根本上保障国家经济安全、国防安全和其他安全。要增强“四个自信”，以关键共性技术、前沿引领技术、现代工程技术、颠覆性技术创新为突破口，敢于走前人没走过的路，努力实现关键核心技术自主可控，把创新主动权、发展主动权牢牢掌握在自己手中。

——习近平

坚持底线思维，着力防范化解重大风险*

习近平

2019年1月21日

坚持以新时代中国特色社会主义思想为指导，全面贯彻落实党的十九大和十九届二中、三中全会精神，深刻认识和准确把握外部环境的深刻变化和我国改革发展稳定面临的新情况新问题新挑战，坚持底线思维，增强忧患意识，提高防控能力，着力防范化解重大风险，保持经济持续健康发展和社会大局稳定，为决胜全面建成小康社会、夺取新时代中国特色社会主义伟大胜利、实现中华民族伟大复兴的中国梦提供坚强保障。

当前，我国形势总体上是好的，党中央领导坚强有力，全党“四个意识”、“四个自信”、“两个维护”显著增强，意识形态领域态势积极健康向上，经济保持着稳中求进的态势，全国各族人民同心同德、斗志昂扬，社会大局保持稳定。

面对波谲云诡的国际形势、复杂敏感的周边环境、艰巨繁重的改革发展稳定任务，我们必须始终保持高度警惕，既要高度警惕“黑天鹅”事件，也要防范“灰犀牛”事件；既要有防范风险的先手，也要有应对和化解风险挑战的高招；既要打好

* 这是习近平在省部级主要领导干部坚持底线思维着力防范化解重大风险专题研讨班开班式上的讲话要点。《习近平谈治国理政》第3卷，外文出版社2020年版，第219页。

防范和抵御风险的有准备之战，也要打好化险为夷、转危为机的战略主动战。

各级党委和政府要坚决贯彻总体国家安全观，落实党中央关于维护政治安全的各项要求，确保我国政治安全。要持续巩固壮大主流舆论强势，加大舆论引导力度，加快建立网络综合治理体系，推进依法治网。要高度重视对青年一代的思想政治工作，完善思想政治工作体系，不断创新思想政治工作内容和形式，教育引导广大青年形成正确的世界观、人生观、价值观，增强中国特色社会主义道路、理论、制度、文化自信，确保青年一代成为社会主义建设者和接班人。

当前我国经济形势总体是好的，但经济发展面临的国际环境和国内条件都在发生深刻而复杂的变化，推进供给侧结构性改革过程中不可避免会遇到一些困难和挑战，经济运行稳中有变、变中有忧，我们既要保持战略定力，推动我国经济发展沿着正确方向前进；又要增强忧患意识，未雨绸缪，精准研判、妥善应对经济领域可能出现的重大风险。各地区各部门要平衡好稳增长和防风险的关系，把握好节奏和力度。要稳妥实施房地产市场平稳健康发展长效机制方案。要加强市场心理分析，做好政策出台对金融市场影响的评估，善于引导预期。要加强市场监测，加强监管协调，及时消除隐患。要切实解决中小微企业融资难融资贵问题，加大援企稳岗力度，落实好就业优先政策。要加大力度妥善处理“僵尸企业”处置中启动难、实施难、人员安置难等问题，加快推动市场出清，释放大量沉淀资源。各地区各部门要采取有效措施，做好稳就业、稳金融、稳外贸、稳外资、稳投资、稳预期工作，保持经济运行在合理区间。

科技领域安全是国家安全的重要组成部分。要加强体系建设和能力建设，完善国家创新体系，解决资源配置重复、科研力量分散、创新主体功能定位不清晰等突出问题，提高创新体系整体效能。要加快补短板，建立自主创新的制度机制优势。要加强重大创新领域战略研判和前瞻部署，抓紧布局国家实验室，重组国家重点实验室体系，建设重大创新基地和创新平台，完善产学研协同创新机制。要强化事关国家安全和经济社会发展全局的重大科技任务的统筹组织，强化国家战略科技力量建设。要加快科技安全预警监测体系建设，围绕人工智能、基因编辑、医疗诊断、自动驾驶、无人机、服务机器人等领域，加快推进相关立法工作。

维护社会大局稳定，要切实落实保安全、护稳定各项措施，下大气力解决好人民群众切身利益问题，全面做好就业、教育、社会保障、医药卫生、食品安全、安全生产、社会治安、住房市场调控等各方面工作，不断增加人民群众获得感、幸福感、安全感。要坚持保障合法权益和打击违法犯罪两手都要硬、都要快。对涉众型经济案件受损群体，要坚持把防范打击犯罪同化解风险、维护稳定统筹起来，做好控赃控人、资产返还、教育疏导等工作。要继续推进扫黑除恶专项斗争，紧盯涉黑涉恶重大案件、黑恶势力经济基础、背后“关系网”、“保护伞”不放，在打防并举、标本兼治上下功夫。要创新完善立体化、信息化社会治安防控体系，保持对刑事犯罪的高压震慑态势，增强人民群众安全感。要推进社会治理现代化，坚持和发展“枫桥经验”，健全平安建设社会协同机制，从源头上提升维护社会稳定能力和水平。

当前，世界大变局加速深刻演变，全球动荡源和风险点增多，我国外部环境复杂严峻。我们要统筹国内国际两个大局、发展安全两件大事，既聚焦重点、又统揽全局，有效防范各类风险连锁联动。要加强海外利益保护，确保海外重大项目和人员机构安全。要完善共建“一带一路”安全保障体系，坚决维护主权、安全、发展利益，为我国改革发展稳定营造良好外部环境。

党的十八大以来，我们以自我革命精神推进全面从严治党，清除了党内存在的严重隐患，成效是显著的，但这并不意味着我们就可以高枕无忧了。党面临的长期执政考验、改革开放考验、市场经济考验、外部环境考验具有长期性和复杂性，党面临的精神懈怠危险、能力不足危险、脱离群众危险、消极腐败危险具有尖锐性和严峻性，这是根据实际情况作出的大判断。全党要增强“四个意识”、坚定“四个自信”、做到“两个维护”，自觉在思想上政治上行动上同党中央保持高度一致，自觉维护党的团结统一，严守党的政治纪律和政治规矩，始终保持同人民的血肉联系。中华民族正处在伟大复兴的关键时期，我们的改革发展正处在克难攻坚、闯关夺隘的重要阶段，迫切需要锐意进取、奋发有为、关键时顶得住的干部。党的十八大以来，我们取得了反腐败斗争压倒性胜利，但反腐败斗争还没有取得彻底胜利。反腐败斗争形势依然严峻复杂，零容忍的决心丝毫不能动摇，打击腐败的力度丝毫不能削减，必须以永远在路上的坚韧和执着，坚决打好反腐败斗争攻坚战、持久战。

防范化解重大风险，是各级党委、政府和领导干部的政治职责，大家要坚持守土有责、守土尽责，把防范化解重大风险工作做实做细做好。要强化风险意识，常观大势、常思大局，科学预见形势发展走势和隐藏其中的风险挑战，做到未雨绸缪。

要提高风险化解能力，透过复杂现象把握本质，抓住要害、找准原因，果断决策，善于引导群众、组织群众，善于整合各方力量、科学排兵布阵，有效予以处理。领导干部要加强理论修养，深入学习马克思主义基本理论，学懂弄通做实新时代中国特色社会主义思想，掌握贯穿其中的辩证唯物主义的世界观和方法论，提高战略思维、历史思维、辩证思维、创新思维、法治思维、底线思维能力，善于从纷繁复杂的矛盾中把握规律，不断积累经验、增长才干。要完善风险防控机制，建立健全风险研判机制、决策风险评估机制、风险防控协同机制、风险防控责任机制，主动加强协调配合，坚持一级抓一级、层层抓落实。

防范化解重大风险，需要有充沛顽强的斗争精神。领导干部要敢于担当、敢于斗争，保持斗争精神、增强斗争本领，年轻干部要到重大斗争中去真刀真枪干。各级领导班子和领导干部要加强斗争历练，增强斗争本领，永葆斗争精神，以“踏平坎坷成大道，斗罢艰险又出发”的顽强意志，应对好每一场重大风险挑战，切实把改革发展稳定各项工作做实做好。

目录

导　论

现代科技是一把双刃剑，具有正效应和负效应。现代科技在给人类带来巨大福祉的同时，也为人类制造了一系列的问题和麻烦。科技风险是我国国家级重大风险的重要内容，科技安全是我国国家安全的重要组成部分。随着科技水平的不断提高，我国已经成为具有全球影响力的科技创新大国，但我国科技领域存在的各种风险不容忽视，防范化解科技领域重大风险具有重大现实意义。

一、科技进步推动人类发展

科技是科学技术的简称。其中，科学是人类在长期认识和改造世界的过程中所积累起来的认识事物的知识体系，技术是指人类根据生产实践经验、应用科学原理而发展成的各种工艺操作方法和技能、物化的各种生产手段和物质装备。按照《韦氏词典》的定义，科学是一套关于自然的开放且可验证的结构性知识，包括对自然现象的系统性观察和解释、理论研究及科学方法的建立；技术即运用知识（包括常识和科学知识）来解决生活和工作中的问题的技巧，以及为此发明的产品、工具、方法等。

科技在人类历史上占据着非常重要的地位，科技的发展和应用是推动人类社会发展的重要力量。人类作为一个整体，在过去的一万多年里经历了三个侧重点不同的科技活跃时代，可分别被称为“生存大革命”“交流大革命”“效率大革命”。这三场革命对人类社会发展产生了巨大且不可逆转的影响。[①] 回顾人类文明史，科技创新驱动着历史车轮不断前进，加速了人类社会的发展进程，为人类文明进步提供了不竭的动力源泉。可以说，人类文明史其实是一场科技发展史。科技是国家强盛之基，科技创新是推动一个国家、一个民族乃至整个人类社会向前发展的重要力量。国家要强，人民生活要好，必须要以强大的科技为支撑。

特别是进入 21 世纪之后，科技发展日新月异。纳米、IT 技术、认知科学的融合，推动着人类整体认识能力的飞跃；科技成果产业化周期缩短，造就了新的产业发展和超越机会。继蒸汽技术革命（第一次工业革命）、电力技术革命（第二次工业革命）、计算机及信息技术革命（第三次工业革命）后，人类迎来了以智能化与信息化为核心，以石墨烯、基因、虚拟现实、量子信息技术、可控核聚变、清洁能源及生物技术为技术突破口的第四次科技革命（第四次工业革命）。第四次工业革命正以前所未有的态势向我们席卷而来，它发展速度之快、范围之广、程度之深丝毫不逊于前三次工业革命。它将数字技术、物理技术、生物技术有机融合在一起迸发出强大的力量，影响着我们的经济和社会。可植入技术、数字化身份、物联网、3D 打印、无人驾驶、人工智能、机器人、区块链、大数据、智慧城市等技术变革，正在对我们产生广泛而深刻的影响。[②]

科技兴则民族兴，科技强则国家强。改革开放以来，我国高度重视科技在经济社会发展中的作用，迎来了科技创新大发展的时期。科技发展日新月异，科技实力伴随经济发展同步壮大，为我国综合国力的提升提供了重要的支撑。从“科学技术是第一生产力”到“创新是

① 参见董洁林：《人类科技创新简史：欲望的力量》，中信出版集团 2019 年版。
② 参见克劳斯·施瓦布：《第四次工业革命：转型的力量》，中信出版集团 2016 年版。

引领发展的第一动力”，从实施科教兴国、人才强国战略到深入实施创新驱动发展战略，从增强自主创新能力到建设创新型国家，“科技改革成为改革开放大战略的一个缩影，发挥了先锋、引领和试验田作用”。[①]

特别是党的十八大以来，以习近平同志为核心的党中央高度重视科技创新，把科技创新摆在国家发展全局的核心位置，坚持走中国特色自主创新道路，构建了实施创新驱动发展战略的完整战略布局，绘就了我国依靠创新驱动发展、建设世界科技强国的宏图大略。2016 年 5 月 30 日，习近平总书记在出席全国科技创新大会、两院院士大会、中国科协第九次全国代表大会上，发出了建设世界科技强国的号召。他强调：“历史经验表明，科技革命总是能够深刻改变世界发展格局”；“科技兴则民族兴，科技强则国家强”；“要在我国发展新的历史起点上，把科技创新摆在更加重要的位置，吹响建设世界科技强国的号角”。[②]

党的十九大报告提出，经过长期努力，中国特色社会主义进入新时代，这是我国发展新的历史方位。中国特色社会主义进入新时代，随着创新驱动发展战略全面实施，科技体制机制改革进一步深化，研发投入持续增加，创新活力竞相迸发，重大成果不断涌现，体系建设逐步完善，我国科技迎来前所未有的重大历史机遇，步入了快速发展的轨道，成为具有全球影响力的科技创新大国。

二、现代科技是一把双刃剑

老子说：“祸兮福所倚，福兮祸所伏。”祸福相依。现代科技是一

---

① 国家统计局社科文司：《科技进步日新月异 创新驱动成效突出——改革开放 40 年经济社会发展成就系列报告之十五》，《商业文化》2019 年第 12 期。

② 习近平：《为建设世界科技强国而奋斗：在全国科技创新大会、两院院士大会、中国科协第九次全国代表大会上的讲话》，人民出版社 2016 年版，第 3、5、2 页。

把双刃剑，它在给人类带来巨大福祉的同时，也为人类制造了一系列的问题和麻烦。科技发展得好，可以成为推动社会进步的动力，反之，则可能带来巨大的安全问题。当科技的能量越来越大，把控不好，其危险会加剧；如果任其无约束地发展，科技的潜在成果有可能摧毁人类的生存与社会秩序。不少现代科技发展都带来了负面后果或面临着严重的伦理风险和政治风险。例如，核辐射、转基因食品、农药污染等科学技术的负面效应日益凸显。特别是，基因编辑技术、人工智能技术、辅助生殖技术等前沿科技迅猛发展，在给人类带来益处的同时，也在不断突破人类的伦理底线和价值尺度，引发社会的广泛关注和热烈争议。

怎样运用好科技这把双刃剑，是人类今后将持续面临的一个难题。人类只有看清科技的利与弊，审时度势，根据自身的实际情况，采取积极有效的措施，才能将科技的正效应最大化、负效应最小化，从根本上遏制或减少科技给社会与自然造成的破坏，在真正意义上实现科技的可持续健康发展，保持科技与自然、科技与人类和谐相处。在科技发明与实际运用方面，要加强科技伦理建设，推动科技伦理规范全球治理，让科学的发展观始终积极向善。同时，在全球围绕科技创新越来越激烈的竞争中，如何提高科技实力，在关键核心技术研发上率先取得突破，在全球科技竞争中赢得主动权，避免受制于人，也是科技领域风险应对的重要内容。

科技领域的风险简称为“科技风险”，是指危及科技领域安全的各种风险。科技领域的安全，一般是指国家科技体系完整有效，国家重点领域核心技术安全可控，国家核心利益和安全不受外部科技优势危害，具有保障科技发展持续安全状态的能力。[①] 科技风险涉及的内容很多，既包括科技活动本身可能给人类造成的损失、危害、灾难等不

① 参见赵菁奇：《科技领域风险应对之策》，《安徽日报》2019 年 4 月 9 日。

确定性影响，也包括一个国家在科技竞争中关键核心技术受制于人、科技走向国际市场遭受政治打压等其他相关风险。按照来源、作用范围、概率和危害程度几个方面进行分类，科技风险呈现出多样化的状态。①

科技还可能被个人、恐怖组织或国家用作进行攻击的武器，造成重大损害。美国法律和安全专家本杰明·维特（Benjamin Wittes）和加布里埃·布鲁姆（Gabriella Blum）在《未来的暴力与国家治理》一书中，详细论述了这一点。他们写道："凭借现代技术，个人可以掌握本来只有国家才拥有的摧毁力。""由于技术的突飞猛进，现行法律以及安全机构的传统基础概念已日益淡化。国家边界、管辖边界、公民身份等概念已不那么清晰，国家和国际、战争和犯罪活动、国家行为和个人行为之间的界限已经没有此前那么泾渭分明。""现如今，由于全世界对技术平台的依赖，包括美国在内的各个国家及其公民更易受到多方面的攻击。科技不仅促进了小组织的发展，也增强了小组织的终极杀伤力。这一势头似乎仍将继续，甚至愈演愈烈。最终，即使受教育程度不高，只要掌握一定的技术，人人都有造成巨大伤亡的能力，这是十分可怕的。"②

三、科技安全是国家安全的重要组成部分

2014 年 4 月 15 日在中央国家安全委员会第一次全体会议上，习近平总书记首次正式提出"总体国家安全观"。他指出，当前我国国家安全内涵和外延比历史上任何时候都要丰富，时空领域比历史上任何时候都要宽广，内外因素比历史上任何时候都要复杂，必须坚持总体

① 参见范芙蓉、秦书生：《科技风险的基本特征及其防范对策》，《理论月刊》2018 年第 8 期。

② 本杰明·维特、加布里埃·布鲁姆著：《未来的暴力与国家治理——面对机器人、病毒、骇客与无人机的新威胁》，万岩、潘煜译，中国发展出版社 2019 年版，第 7、10 页。

国家安全观，以人民安全为宗旨，以政治安全为根本，以经济安全为基础，以军事、文化、社会安全为保障，以促进国际安全为依托，走出一条中国特色国家安全道路。贯彻落实总体国家安全观，必须既重视外部安全，又重视内部安全，对内求发展、求变革、求稳定、建设平安中国，对外求和平、求合作、求共赢、建设和谐世界；既重视国土安全，又重视国民安全，坚持以民为本、以人为本，坚持国家安全一切为了人民、一切依靠人民，真正夯实国家安全的群众基础；既重视传统安全，又重视非传统安全，构建集政治安全、国土安全、军事安全、经济安全、文化安全、社会安全、科技安全、信息安全、生态安全、资源安全、核安全等于一体的国家安全体系；既重视发展问题，又重视安全问题，发展是安全的基础，安全是发展的条件，富国才能强兵，强兵才能卫国；既重视自身安全，又重视共同安全，打造命运共同体，推动各方朝着互利互惠、共同安全的目标相向而行。

“总体国家安全观是以习近平同志为核心的党中央对国家安全理论的重大创新，是新形势下维护和塑造中国特色大国安全的强大思想武器，充分体现了我们党奋力开拓国家安全工作新局面的战略智慧和使命担当，具有重大的时代意义、理论意义、实践意义和世界意义。”① 坚持总体国家安全观，是习近平新时代中国特色社会主义思想的重要内容。党的十九大报告强调，统筹发展和安全，增强忧患意识，做到居安思危，是我们党治国理政的一个重大原则。防范化解重大风险攻坚战，必须坚持以总体国家安全观为指导。

科技领域安全是国家安全的重要组成部分。改革开放以来，特别是进入 21 世纪以来，在我国科技水平不断提高的同时，科技领域存在的各种重大风险不容忽视。作为发展中国家，以往我们在科技领域与发达国家相比是跟跑，如今是跟跑并跑领跑并行，尤其在量子科学等

① 钟国安：《以习近平总书记总体国家安全观为指引 谱写国家安全新篇章》，《求是》2017 年第 8 期。

领域，我们已呈领跑态势。在这个过程中，正如“基因编辑婴儿事件”，以及中兴公司、华为公司接连遭遇美国芯片“断供”事件等表明的，随着科技革命和产业变革的加速推进，新技术、新产业加快发展，全球围绕科技创新的竞争也更加激烈，科技领域的风险对我国经济社会发展和国家安全的影响越来越显著，必须引起高度重视。

四、坚决打赢防范化解科技领域重大风险攻坚战

习近平总书记指出：“当今世界既充满希望又充满不确定性，人们对未来既充满期待又感到困惑。”① 在一个充满高度不确定性的风险社会，防范化解重大风险是各国共同面临的重大任务。党的十八大以来，以习近平同志为核心的党中央把创新摆在国家发展全局的核心位置，把科技领域风险作为防范化解重大风险的重要内容，提出了一系列新思想、新论断、新要求。

2014 年 8 月 18 日，习近平总书记在中央财经领导小组第七次会议上讲话指出：要抓住一批事关国家安全和发展全局的基础性、核心性的重大科研项目，组织力量进行攻关，努力突破制约产业优化升级的关键核心技术，为转变经济发展方式提供有力科技支撑。2016 年 4 月 19 日，他在网络安全和信息化工作座谈会上讲话强调：“互联网核心技术是我们最大的‘命门’，核心技术受制于人是我们最大的隐患。一个互联网企业即便规模再大、市值再高，如果核心元器件严重依赖外国，供应链的‘命门’掌握在别人手里，那就好比在别人的墙基上砌房子，再大再漂亮也可能经不起风雨，甚至会不堪一击。我们要掌握我国互联网发展主动权，保障互联网安全、国家安全，就必须突破

① 习近平：《坚持合作创新法治共赢 携手开展全球安全治理——在国际刑警组织第八十六届全体大会开幕式上的主旨演讲》，《人民日报》2017 年 9 月 27 日。

核心技术这个难题，争取在某些领域、某些方面实现‘弯道超车’。”①

防范化解重大风险，事关经济社会大局，事关国家安全，是一场输不起的战役。党的十九大报告把“防范化解重大风险”摆在三大攻坚战的首位，并把“增强驾驭风险本领”作为增强执政本领八个方面之一。报告强调：健全各方面风险防控机制，善于处理各种复杂矛盾，勇于战胜前进道路上的各种艰难险阻，牢牢把握工作主动权。2019 年 1 月 21 日举办的省部级主要领导干部专题研讨班，直接以“坚持底线思维着力防范化解重大风险”为主题，习近平总书记在开班式上讲话强调：防范化解重大风险是各级党委、政府和领导干部的政治职责，大家要坚持守土有责、守土尽责，把防范化解重大风险工作做实做细做好；要坚持底线思维，增强忧患意识，提高防控能力，着力防范化解重大风险，保持经济持续健康发展和社会大局稳定。②

科技风险是我国重大风险的重要内容，防范化解科技领域重大风险是防范化解重大风险的重要工作内容。习近平总书记在省部级主要领导干部坚持底线思维着力防范化解重大风险专题研讨班开班式上强调，要加强体系建设和能力建设，完善国家创新体系，解决资源配置重复、科研力量分散、创新主体功能定位不清晰等突出问题，提高创新体系整体效能；要加快补短板，建立自主创新的制度机制优势。要加强重大创新领域战略研判和前瞻部署，抓紧布局国家实验室，重组国家重点实验室体系，建设重大创新基地和创新平台，完善产学研协同创新机制；要强化事关国家安全和经济社会发展全局的重大科技任务的统筹组织，强化国家战略科技力量建设；要加快科技安全预警监测体系建设，围绕人工智能、基因编辑、医疗诊断、自动驾驶、无人机、服务机器人等领域，加快推进相关立法工作。

---

① 习近平：《在网络安全和信息化工作座谈会上的讲话》，人民出版社 2016 年版，第 10 页。

② 参见张洋：《提高防控能力着力防范化解重大风险 保持经济持续健康发展社会大局稳定》，《人民日报》2019 年 1 月 22 日。

五、本书的基本结构

本书重点介绍我国科技领域重大风险的基本特点、主要类型，提出防范化解科技领域重大风险的基本策略与主要方法。在科技领域重大风险的类型上，本书重点对以基因编辑、基因驱动、基因合成技术为代表的前沿生物技术风险，芯片技术、操作系统等领域核心技术受制于人的风险，国家在科技战略布局或科技企业在寻求海外市场过程中遇到的政治风险，展开详细论述。

本书正文共七章，各章内容如下。

第一章，重点介绍了科技领域重大风险的基本概念、主要特点、影响因素，防范化解科技领域重大风险的主要目标和重大意义，我国防范化解科技领域重大风险的发展历程。

第二章，重点结合国内外的风险管理标准，并把一个完整的重大风险防范化解的过程分为计划与准备、风险识别、风险评估、风险处置、风险监测与更新、风险沟通六个环节。

第三章，重点讨论以基因编辑、基因驱动、基因合成技术为代表的前沿生物技术在日新月异的飞速发展中所构成的重大安全威胁。本章对前沿生物技术引发的安全威胁情况进行梳理，针对技术发展的特点和已有应对措施的不足指出下一步需要重点考虑的威胁应对难点和挑战。

第四章，重点讨论核心技术仍受制于人，重要产业对外技术依存度高，先导性战略高技术布局较薄弱所构成的安全风险。本章介绍了核心技术受制于人风险的基本情况，并以美国制裁中兴通讯事件为例，阐述核心技术受制于人风险的基本特点及防范化解策略。

第五章，重点讨论国家在科技战略布局或科技企业在寻求海外市场过程中遇到的政治风险。本章介绍了在科技战略布局或企业在寻求海外市场过程中政治风险的基本情况，并以华为科技遭各国打压事件为例，阐述走向国际市场的政治风险的基本特点及其防范化解策略。

第六章，重点介绍了发达国家在防范化解科技领域重大风险方面的理论研究与实践情况。本章以美国、欧盟、日本为例，从管理和技术角度介绍这些国家（地区）在防范化解科技领域尤其是信息科技领域、金融科技领域、生物医药领域重大风险方面的基本做法和经验。

第七章，重点从体系建设的角度，提出了防范化解科技领域重大风险的制度设计。本章重点从完善国家科技发展战略、健全国家创新体系、研发关键领域核心技术、强化科技安全基础设施建设、加快科技安全预警监测体系建设、积极参与全球科技治理六个方面，提出防范化解科技领域重大风险的基本思路与对策。

第一章 科技领域重大风险概述

科技领域风险是科技领域不安全的状态，它既包括科技发展和科技活动本身造成的负面影响，也包括关键核心技术受制于人、科技遭受政治打压等其他风险。科技领域重大风险具有前沿引领性、复合系统性、难以防控性、辩证转化性等特点，受到科技自身发展规律、外部环境、科技发展目标等各种因素的影响。防范化解科技领域重大风险，既有利于确保科技自身安全，也有利于发挥科技支撑经济社会发展的引领作用。新中国成立以来，我国防范化解科技领域重大风险的发展过程，可以分为改革开放前、改革开放后至20世纪末、21世纪以来三个阶段。

一、科技领域重大风险的概念与特点

（一）科技领域风险的概念

1. 科技领域风险的定义

关于科技领域风险，目前没有统一的定义，但可以确定的是，在科技活动任何一个环节中遭遇到困难、失败或意想不到的事件都可能引发不可预知的后果。因此，我们不应简单地将科技风险归纳为由科学技术发展所带来的负面效应而产生的风险。危及科技领域安全的各种风险都属于科技领域风险的范畴。

与“科技领域风险”相对应的概念，是“科技领域安全”。所谓“科技领域安全”，一般指国家科技体系完整有效，国家重点领域核心技术安全可控，国家核心利益和安全不受外部科技优势危害，具有保障科技发展持续安全状态的能力。[①] 根据这个定义，我们可以把科技领域风险看作科技领域不安全的状态，也就是国家科技体系不够完整有效，国家重点领域核心技术不够安全可控，国家核心利益和安全受到外部科技优势危害，保障科技发展持续安全状态的能力存在不足。

科技领域风险涉及的内容，至少包括如下三大方面。

第一，科技发展和科技活动本身可能给人类造成的损失、危害、灾难等不确定性影响。20 世纪中期以来，由新科技革命催生的以信息技术、核技术、生物技术、新材料技术等为核心的高科技，在应用过程中对人或社会也产生了各种负面效应。1986 年发生的切尔诺贝利事故，从根本上改变了人类对科技的态度，科技风险引发人类的高度关注。白俄罗斯作家、2015 年诺贝尔文学奖得主阿列克谢耶维奇在口述实录《切尔诺贝利的悲鸣》一书中写道：“切尔诺贝利是最可怕的战争，你无处可躲，地下、水里、空气中都躲不掉。”[②]

2018 年 5 月 28 日，习近平总书记在中国科学院第十九次院士大会、中国工程院第十四次院士大会上强调：“进入 21 世纪以来，全球科技创新进入空前密集活跃的时期，新一轮科技革命和产业变革正在重构全球创新版图、重塑全球经济结构。以人工智能、量子信息、移动通信、物联网、区块链为代表的新一代信息技术加速突破应用，以合成生物学、基因编辑、脑科学、再生医学等为代表的生命科学领域孕育新的变革，融合机器人、数字化、新材料的先进制造技术正在加

---

① 参见赵菁奇：《科技领域风险应对之策》，《安徽日报》2019 年 4 月 9 日。

② S. A. 阿列克谢耶维奇著：《切尔诺贝利的悲鸣》，方祖芳、郭成业译，花城出版社 2015 年版，第 50 页。

速推进制造业向智能化、服务化、绿色化转型，以清洁高效可持续为目标的能源技术加速发展将引发全球能源变革，空间和海洋技术正在拓展人类生存发展新疆域。总之，信息、生命、制造、能源、空间、海洋等的原创突破为前沿技术、颠覆性技术提供了更多创新源泉，学科之间、科学和技术之间、技术之间、自然科学和人文社会科学之间日益呈现交叉融合趋势，科学技术从来没有像今天这样深刻影响着国家前途命运，从来没有像今天这样深刻影响着人民生活福祉。”①

许多科学家都认同：21 世纪是生命科学的世纪。以基因编辑、基因驱动、基因合成技术为代表的前沿生物技术正处于日新月异的飞速发展中。以色列历史学家赫拉利（Yuval Noah Harari）在《未来简史》一书中甚至大胆预言，因为生物技术与人工智能的进展，人类一百年内就可以向“神人”迈进。② 不过，这些新兴技术在快速发展、造福人类的同时，带来了诸多全球性伦理风险。例如，2018 年 11 月，“首例免疫艾滋病基因编辑婴儿”经媒体报道后，在科学界和社会上引起舆论一片哗然。众多科学家纷纷批评和抗议。这项研究严重违背科学研究规律和科学伦理，也违反了我国现有规定。该事件也提醒我们，有必要加强对基因编辑技术用于临床的监管，防止再次诞生“基因编辑婴儿”。2019 年 12 月 30 日，“基因编辑婴儿”案在深圳市南山区人民法院一审公开宣判。法院认为，3 名被告人未取得医生执业资格，追名逐利，故意违反国家有关科研和医疗管理规定，逾越科研和医学伦理道德底线，贸然将基因编辑技术应用于人类辅助生殖医疗，扰乱医疗管理秩序，情节严重，其行为已构成非法行医罪。③

第二，一个国家在科技竞争中的关键核心技术受制于人的风险。当今社会，以信息通信、新能源、新材料、航空航天、生物医药、智

---

① 习近平：《在中国科学院第十九次院士大会、中国工程院第十四次院士大会上的讲话》，人民出版社 2018 年版，第 6—7 页。

② 参见尤瓦尔·赫拉利著：《未来简史：从智人到智神》，林俊译，中信出版社 2017 年版。

③ 参见王攀等：《“基因编辑婴儿”案一审宣判》，《人民日报》2019 年 12 月 31 日。

能制造等为代表的核心技术领域在全球范围内快速发展，正在重塑世界产业和经济格局，引发新一轮经济繁荣，关系各国经济社会发展全局。正如中兴事件所表明的，如果一个国家在这些核心技术领域与国际先进水平有相当差距，核心技术受制于人，重要产业对外技术依存度高，先导性战略高技术布局薄弱，被卡脖子不仅会带来供应风险，还会带来安全风险，导致在国际竞争中丧失主动权。

2015 年 10 月 29 日，习近平总书记在党的十八届五中全会第二次全体会议上讲话指出："我国创新能力不强，科技发展水平总体不高，科技对经济社会发展的支撑能力不足，科技对经济增长的贡献率远低于发达国家水平，这是我国这个经济大个头的'阿喀琉斯之踵'。新一轮科技革命带来的是更加激烈的科技竞争，如果科技创新搞不上去，发展动力就不可能实现转换，我们在全球经济竞争中就会处于下风。为此，我们必须把创新作为引领发展的第一动力，把人才作为支撑发展的第一资源，把创新摆在国家发展全局的核心位置，不断推进理论创新、制度创新、科技创新、文化创新等各方面创新，让创新贯穿党和国家一切工作，让创新在全社会蔚然成风。"①

第三，一个国家的科技在走向国际市场的过程中遭受政治打压的风险。科技活动面临的政治风险可能源于涉及国家安全的相关领域，也可能牵涉经济、学术和政治利益的复杂博弈。正如华为回应 5G 技术海外受阻所表明的，科技进步和技术创新会对原有利益格局带来冲击，导致那些依靠旧技术获得好处的既得利益者，出于维护利益的需要或对国家安全的担忧，会利用已经掌握的资源和影响，以政治手段阻碍新技术的推广。

在各种各样的科技领域重大风险中，科技发展和科技活动自身的风险是核心。科技发展和科技活动本身的风险，可简称为"技术风

① 习近平：《在党的十八届五中全会第二次全体会议上的讲话（节选）（2015 年 10 月 29 日）》，《求是》2016 年第 1 期。

险”。技术风险是与政治风险、经济风险、自然风险、健康风险、社会风险等相对应的一类风险，主要是指伴随科学技术的发展、生产方式的改变对人们的生产与生活造成的威胁、损失、危害、灾难等不确定性影响的风险。技术风险的种类很多，包括技术不足风险、技术开发风险、技术保护风险、技术使用风险、技术取得和转让风险等。例如，技术创新所需要的相关技术不配套、不成熟，技术创新所需要的相应设施、设备不够完善，会影响创新技术的适用性、先进性、完整性、可行性和可靠性，从而产生类似 1986 年切尔诺贝利事故、2011 年福岛核泄漏事故等技术性风险。

随着经济社会不断发展和科技进步不断加速，科技从未像今天这样深刻影响着国家的前途命运，也从未像今天这样深刻影响着人们的生活福祉。如何防范化解科技领域重大风险，防患于未然，让科技更加安全地服务于人类，是世界各国普遍面临的一个现实问题。德国社会学家贝克（Ulrich Beck）在《风险社会》一书中提出，“科学是定义风险的媒介和解决风险的资源，风险因此打开了自身的科学化市场”，“科学的不安全感来自风险和发展前景的潜在可能性”。[①] 贝克认为，在风险社会中，科技是风险的来源之一，而科技的应用也是规避风险的方法之一。英国社会学家吉登斯（Anthony Giddens）认为科技是被制造出来的风险，科技风险源于人类的科技活动。他在《失控的世界》一书中说道，被制造出来的风险，是在没有多少历史经验的情况下产生的风险。[②] 而不断发展的知识明显也是没有经过太多历史检验的，吉登斯所说的“被制造出来的风险”或者说“人造风险”，其实在很大程度上说的就是科技领域的风险。

正如贝克、吉登斯等所指出的，现代社会风险与科技的发展关系密切。科技的高度发展在大大提高人类生活水平的同时，带来了越来

① 乌尔里希·贝克著：《风险社会》，何博闻译，译林出版社 2004 年版，第 190—191 页。

② 参见安东尼·吉登斯著：《失控的世界》，周红云译，江西人民出版社 2001 年版。

越难以被预测与控制的后果。“科学技术发展到今天，已经成为一个高度复杂的系统。这不仅表现在其内部学科分化和涉及内容的高度复杂性，也表现在科技对人类社会生活影响的高度复杂性。这种高度复杂性的直接后果，就是人们对科技发展后果的控制能力越来越低。”①

2. 科技领域安全的定位

科技领域的安全是支撑国家安全的重要力量，我们应当在总体国家安全观这个体系下来考虑科技安全问题。在 2014 年 4 月 15 日召开的中央国家安全委员会第一次会议上，习近平总书记提出要坚持总体国家安全观，强调构建集政治安全、国土安全、军事安全、经济安全、文化安全、社会安全、科技安全、信息安全、生态安全、资源安全、核安全等于一体的国家安全体系，科技安全成为国家安全的重要组成部分。2019 年 1 月 21 日，习近平总书记在省部级主要领导干部坚持底线思维着力防范化解重大风险专题研讨班开班式上的讲话中，就防范化解政治、意识形态、经济、科技、社会、外部环境、党的建设等领域重大风险做出深刻分析、提出明确要求。他强调，科技领域安全是国家安全的重要组成部分。

科技领域安全涉及的内容很多。从要素来看，科技安全包括科技成果安全、科技人员安全、科技产品安全、科技设施安全、科技活动安全和科技应用安全；从领域来看，科技安全包括国防科技安全、农业科技安全、工业科技安全等。科技安全在总体国家安全中处于非常重要的地位，“科技安全是国家总体安全框架的重要支撑，国家科技安全战略已经成为国家安全战略不可或缺的组成部分”②。有学者甚至认为，科技安全是当代国家安全的关键。“第一，科技和科技安全广泛渗透于国家安全的各种领域、各个要素和各个因素之中。国家安全体系及其任何部分都有科技安全问题存在。第二，科技和新科技安全不仅

---

① 赵延东：《风险社会与风险治理》，《中国科技论坛》2004 年第 4 期。

② 张仕荣：《科技安全是国家安全体系的重要支撑》，《理论动态》2016 年第 6 期。

对当代国家安全在整体上起决定作用，而且对当代国家安全其他领域和内容都起决定性作用。第三，科技与科技安全的丧失，对国家安全是毁灭性打击。”①

随着科技在经济社会发展中的作用日益突出，防范化解科技领域重大风险、维护科技领域的安全，对于维护国家安全具有越来越重大的意义。全球新一轮科技革命和产业变革加速推进，科技突破引领经济社会发展的变革，使经济社会发展模式由线性向非线性转变，也使经济社会发展的不确定性更加明显。全球进入新一代信息技术对经济社会发展的全面改造时期，科技领域风险成为国家风险的重要来源；新技术、新产业加快发展，科技成为经济社会发展的核心要素，经济社会发展受到科技领域风险的影响日益深入，科技领域的风险影响越来越广泛。科技创新全球化深入发展，各国围绕科技的竞争日益激烈，来自外部环境的科技竞争和威胁更加明显，科技领域安全在全球的重要性显著提升。

（二）科技领域重大风险的特点

1. 前沿引领性

“知识改变命运，科技改变生活。”我国“十三五”规划提出，要加快突破新一代信息通信、新能源、新材料、航空航天、生物医药、智能制造等领域核心技术。2018 年 5 月 28 日，习近平总书记在中国科学院第十九次院士大会、中国工程院第十四次院士大会上强调，要“以关键共性技术、前沿引领技术、现代工程技术、颠覆性技术创新为突破口，敢于走前人没走过的路，努力实现关键核心技术自主可控，把创新主动权、发展主动权牢牢掌握在自己手中”。②

---

① 刘跃进：《科技安全是当代国家安全的关键》，《科技日报》2014 年 11 月 16 日。

② 习近平：《在中国科学院第十九次院士大会、中国工程院第十四次院士大会上的讲话》，人民出版社 2018 年版，第 11 页。

2016年4月，美国公布了《2016—2045年新兴科技趋势报告》（*Emerging Science and Technology Trends*：2016—2045）。该报告是在美国过去5年内由政府机构、咨询机构、智囊团、科研机构等发表的32份科技趋势相关研究调查报告的基础上精简而成的。通过对近700项科技趋势的综合比对分析，最终明确了20项最值得关注的科技发展趋势：物联网、机器人与自动化系统、智能手机与云端计算、智能城市、量子计算、混合现实、数据分析、人类增强、网络安全、社交网络、先进材料、先进数码设备、太空技术、新型武器、合成生物科技、增材制造、食物与淡水科技、能源、医学、对抗全球气候变化。

科技创新的过程，往往是一个“破坏性创新”的过程，也就是熊彼特所称的“创造性毁灭的过程”，即通过新产品、新市场、新产业组织，不断地破坏旧结构，创造新结构。熊彼特认为，创新是经济发动机的点火器。创新不仅能创造出经济效益更高的新技术，使创新者获得高于产业平均水平的利润，也使旧技术遭到毁灭或废弃，使不创新或没能创新的企业的产品在市场上没有销路或销量下降，经济效益恶化（如高性能个人计算机出现后传统大型计算机陷入的境况）。熊彼特把这一现象或过程称为“创造性毁灭”。现代科技的发展往往带动着前沿突破，其他领域的很多风险往往是在科技发展的带动下形成的，人类对未知世界的探索，拓展了人类认知的空间，形成了新的手段，建立了新的传播渠道，从而带来前所未有的改变。对于传统的认知来说，突破和改变就是风险的来源。①

例如，人工智能的迅速发展深刻改变了人类社会生活，也成为世界各国竞争的新焦点、经济发展的新引擎。但是，人工智能同样带来新挑战、新问题。阿尔法狗连续两次击败人类顶尖围棋选手，成为第一个战胜围棋世界冠军的人工智能程序。当技术、计算量、数据达到

---

① 参见陈宝明：《高度警惕并有效防范化解科技领域重大风险》，《中国党政干部论坛》2019年第3期。

足够规模时，机器的确可以自动学习，甚至超越人类。人工智能要发展到具有自我意识的质变，是没有边界的。

科技发展有所谓的“技术奇点”（technological singularity）争论。技术奇点是根据技术发展史总结的概念，支持这一概念的人认为，未来将要发生一件不可避免的事件：技术发展将会在很短的时间内发生极大的接近于无限的进步。技术奇点由超越现今人类并且可以自我进化的机器智能或者其他形式的超级智能的出现所引发。由于其智能远超今天的人类，因此技术的发展会完全超乎人类的理解能力，甚至人类无法预警其发生。之所以被称为“奇点”，就是好比物理学上引力接近无穷大时产生的黑洞的物理属性一样，它已经超出正常模型所能预测的范围。

科技发展既引发了前所未有的科技革命和产业革命，又造就了空前的历史机遇，也带来了颠覆式的风险和挑战。著名物理学家史蒂芬·霍金（Stephen W. Hawking）早就警示过，新兴科技发展可能会对人类生存带来毁灭性威胁。目前，人工智能尚处于弱人工智能阶段，对人类带来的威胁主要在于加剧人类社会的鸿沟，可能会引起失业，导致社会财富收益权的不平等。与此同时，人工智能也会引发复杂伦理问题。机器人一旦学会了独立思考，就很有可能不会继续屈服于人类的管控，甚至会发起对人类的攻击。届时，如何区分人与机器人，如何确定机器人的社会地位，会引发一些伦理问题。①

2. 复合系统性

在当今高度开放、日益紧密的风险社会，各种风险具有复合系统性。经济合作与发展组织（OECD）于 2003 年提出了“系统性风险”（systemic risks）的概念，认为卫生、服务、运输、能源、食品和供水、信息和电讯产业领域的要害系统有可能因遭受单一或一连串灾害

① 参见卢阳旭、何光喜：《我国人工智能治理面临的机遇和挑战：基于科技公共治理视角》，《行政管理改革》2019 年第 8 期。

事件的严重破坏而导致整个系统处于瘫痪状态。世界经济论坛（WEF）自2006年开始，每年研究发布《全球风险报告》（*Global Risk Report*），绘制经济风险、环境风险、地缘政治风险、社会风险、技术风险相互之间的关联图，以全面评估不同类型全球风险之间的关联性。

习近平总书记指出："需要注意的是，各种风险往往不是孤立出现的，很可能是相互交织并形成一个风险综合体。"① "各种矛盾风险挑战源、各类矛盾风险挑战点是相互交织、相互作用的。如果防范不及、应对不力，就会传导、叠加、演变、升级，使小的矛盾风险挑战发展成大的矛盾风险挑战，局部的矛盾风险挑战发展成系统的矛盾风险挑战，国际上的矛盾风险挑战演变为国内的矛盾风险挑战，经济、社会、文化、生态领域的矛盾风险挑战转化为政治矛盾风险挑战，最终危及党的执政地位、危及国家安全。"②

在风险社会中，政治风险、经济风险、自然风险、健康风险、社会风险、军事风险等各领域的风险不是独立存在的，而是相互影响的。在防范科技领域重大风险方面，各国之间是相互关联、不可分割的。同时，不同类型科技领域重大风险之间也是相互耦合、相互联系的。这主要是由于信息、生物、能源、材料等科学技术越来越相互融合，导致科技领域的风险呈现出明显的复合性特征，一旦某个环节出现问题，就会由于局部对于整体的关联性而发生连锁反应。例如，1986年发生的乌克兰切尔诺贝利核辐射，虽然事故发生后前3个月内仅有31人死亡，但是辐射危害随着空气、人体和物体携带而大面积扩散，在随后15年内，有6万～8万人死亡，13.4万人遭受各种程度的辐射疾病折磨，其对乌克兰和俄罗斯等国造成的巨大伤害，是人类历史上难

① 习近平：《在党的十八届五中全会第二次全体会议上的讲话（节选）（2015年10月29日）》，《求是》2016年第1期。

② 《习近平谈治国理政》第2卷，外文出版社2017年版，第222页。

以挥去的阴影。[①] 2011 年的日本福岛核泄漏事故，不仅使日本福岛地区遭遇到巨大的放射性危害和环境污染，其放射性物质还向太平洋扩散，导致日本临近的海洋及水生物也受到污染，继而危害到日本周边国家和地区。[②]

同时，信息网络全球化也使得科技风险的传播速度加快，导致风险在每个传播环节发生变化。可想而知，科技风险的相互关联性使得风险的危害性越发增加。可见，科技与经济、社会发展深度融合，科技领域的风险与其他领域风险相互影响渗透，产生放大效应，也造成国家风险更具复杂性、综合性。

3. 难以防控性

霍金一直警告我们，科技是人类最大的威胁，他说："我们不会停止进步，或刻意逆转，所以我们必须认识到进步的风险并控制它。"科技所带来的问题，不仅仅在于技术本身所引发的一些环境问题、健康问题和危害，还在于其可能引发的社会问题和伦理问题。系列电影《终结者》曾引发人们对智能自主武器的恐惧，这种由人工智能和超级武器结合的产物，也成了人类的超级梦魇之一，同时被各种科幻创作引申为毁灭人类的手段之一。

耶鲁大学生物伦理学跨学科中心教授、科技道德和伦理研究方面的权威温德尔·瓦拉赫（Wendell Wallach）教授在《科技失控：用科技思维重新看透未来》一书中，对人工智能、自动驾驶、地球工程等新兴的热点技术，提出了伦理挑战和警告。他说："也许我们的下一代有可能会亲眼看到 200 年前卢德派所担心的梦魇发生，技术抢夺的工作将远远超过其创造的工作。就业机会的创造可能也存在周期性的增长，但是我们可以暂时假设技术所创造的新工作形式远远落后于人们

---

① 参见闫坤如：《核电风险的社会可接受性及其决策伦理探析》，《伦理学研究》2017 年第 2 期。

② 参见赵洲：《论核事故风险及其全球治理》，《世界经济与政治》2011 年第 8 期。

对于就业的需求，这肯定会产生破坏性的后果。”正在开发的很多新技术，也可能会带来许多新风险。关键信息系统失灵或网络攻击，会不会造成严重的金融危机或持续停电？用 3D 打印机造出塑料枪支，会不会失去管控？受不断上涨的潮水威胁的岛国，会不会因为采用新技术改变该国气候，而使邻国遭受旱灾？对此，瓦拉赫指出：自主武器系统与非自主武器系统之间的区别可能只是一行代码的问题，自主武器容易导致错觉，以为战争可以迅速启动并很快以最小的成本取胜。但是，一旦战争开始，不仅是士兵的生命还有平民的生命都难以幸免。①

作为文明时代的产物，现代科技的风险一般是不易被感知的，很多可能性的问题潜伏在科技之中。当代科技风险的表现形式更为隐蔽、模糊和不确定，人类不借助工具将很难发现风险的存在，而这些无形风险也是科技应用中最令人担忧和害怕的。同时，科技的发展是一个积累的过程，它对人的影响也是渐进式发生的。从科技成果的研制到其风险的大规模爆发并非朝夕之事，而是要经过一段较长时期。量变只有积累到一定程度才会引起质变，只有时机和条件达到一定程度，科技风险才会显现出来。这些无形的风险潜藏在人们生活的周围，经过一定的时间积累会以某种形式表现出来，如某种疾病的激增、大范围恶变的气候、突发无法控制后果的事故等，因此，科技风险的不可感知性特征也加大了科技风险防控的难度。

人类的认知领域随着科技的发展与应用而得以拓展，认知不断地向着新的未知领域探索，然而，人类的认知能力是有限的，新技术、新产业的发展对经济社会的影响更加广泛，重大科技成果的应用更加迅速，人类无法完全掌控科技所带来的未知危害，更无法对这种危害所带来的后果做出精确的预测。科技领域的风险往往会突破想象的空

① 参见温德尔·瓦拉赫著：《科技失控：用科技思维重新看透未来》，萧黎黎译，中国友谊出版公司 2017 年版。

间，也更加难以防范。

4. 辩证转化性

科技是一把双刃剑，既可造福人类，也可给人类带来伤害。在提升人类征服自然、改造自然能力的同时，现代科技也在逐渐接近生命的本质和物质的起源，有些科研成果甚至难以被人类认识和控制。随着现代技术迭代不断加速，技术飞跃导致的不稳定性和不确定性增加，一些科技成果常常携带着难以被预料和控制的后果，可能对人类生活产生负面影响。

例如，核技术在增加新能源供应的同时也对人类的生存和环境造成了严重的威胁，使人类社会安全的脆弱性显著加剧；物联网、大数据、人工智能发展带来产业变革，以及政府和企业在数据隐私性与安全性方面面临挑战。金融科技加快发展，导致数据高度集中，增加了发生系统性金融风险的可能性。转基因技术在造福人类的同时，也可能对人类健康、农业作物和自然生物构成极大的影响，其潜在影响仍然难以估量。如何辩证运用快速发展的新技术，发挥其正面功能，抑制其负面效应，是人类社会当前面临的一个严峻挑战。

危机既是危险，也是机遇。事物总是具有两面性，作用越大，潜在的风险越大。我们要充分认识“危”与“机”相伴而生、相互依存、相互转化的道理，学会运用辩证唯物主义的世界观和方法论，提高战略思维、历史思维、创新思维、法治思维、底线思维能力，善于在对立统一的矛盾中把握规律，提高防范化解科技领域重大风险的能力。

（三）科技领域重大风险的影响因素

1. 科技自身发展规律的影响

科技发展是一个阶段性的过程。将科学技术的发展规律与马斯洛需求层次放在同一个视野中考察可发现，人类总体的发展历程呈现出一个巨大的S形。按马斯洛的需求层次，公元前800年之前，人类科技创新的主要目的是求生存，需要农业、畜牧业基本满足人的生存需求，缓慢发展的科技与缓慢增长的人口及其生存需求相适应。由漫长的远古直至十四五世纪处于缓慢的发展阶段，甚至停滞不前，这是S形的底段；随后的几个世纪陡然上升，这是S形的中段；20世纪下半叶至今，再次进入相对缓慢的发展阶段，这是S形的顶段。①

相比较而言，中国的科技起步晚。从洋务运动至今，一个多世纪以来，我国的科技虽然也有所发展，但因种种原因，进展不大。改革开放以来，我国科技水平取得长足进步。总体来看，中国当下虽然也有可与发达国家位于科技前沿的公司相媲美的BAT（百度、阿里巴巴、腾讯）等，但是在主体上是拥有大量旨在提高效率的科技成果，如能源、高铁、大飞机等。中国的科技和人民的生活水平的发展态势，类似于西方自19世纪到20世纪中叶，处于S形中间的快速上升阶段。②

科技领域的风险与科技、经济社会发展的阶段是相适应的，与国家科技创新能力及在国际科技竞争中的地位相匹配。换言之，科技发展的不同阶段面临的科技领域重大风险是不一样的。在科技发展的赶超阶段，科技领域面临更多的是被低端锁定的风险，防范和化解科技领域风险的能力较弱；而在科技发展的高级阶段，科技领域的风险更多的是丧失竞争优势，应对科技领域风险的能力就较强。

2. 外部环境的制约

科技发展需要良好的外部环境，在经济科技全球化的背景下，各国科技发展相互依存、互相促进，形成国际化产业分工体系。科技环境、社会环境及国家环境的紧张，都将对科技发展造成严重的限制，

---

① 参见董洁林：《人类科技创新简史：欲望的力量》，中信出版集团2019年版。

② 参见吕乃基：《发展阶段的不同与同——中国赶超的路径分析》，《系统科学学报》2018年第1期。

引发各种风险。

科技环境是外部环境制约的核心。这表现为两个方面。一是由于产业发展关键核心技术受制于人而产生的被“卡脖子”风险。2017年，我国进口芯片3 370亿块，金额达到2 601亿美元，但是2018年美国供应商的芯片断供，使年销售收入达到千亿以上的中兴通讯公司被迫全面停摆。二是不能完全自主掌握重大科技基础设施而产生的风险。我国在很多基础性技术的发展上缺乏自主可控能力，特别是信息技术的底层、基础性技术掌握在美国等少数国家手中，使世界的互联网发展始终面临不可控的风险。俄罗斯为了应对“断网风险”，在努力构建自主网络的同时，积极开展与全球互联网连接的断网测试，检验应对外部互联网威胁的能力，这些都是在基础技术被控制之下的无奈之举。①

社会环境是外部环境制约的关键。科技研发及应用所产生的伦理、道德等问题对人的心理产生的影响日益加大，造成的社会矛盾更加尖锐，比如基因编辑婴儿、转基因食品、器官移植等，在科技创新突飞猛进的情况下，可能导致人类社会在短时间内对其难以接受。新技术推广应用可能导致贫富两极分化加剧，比如，互联网平台经济发展使财富能够在短期内迅速积聚，信息技术快速发展造成数字鸿沟日益扩大，导致社会底层人群由于缺少新技术应用而被遗弃，收入分配差距、区域发展不平衡、城乡发展差距等呈现扩大趋势。快速发展的科技及应用所带来的社会矛盾可能在某个科技事件上集中释放，比如，人工智能等新技术应用可能提升就业压力，短期内社会矛盾由此集聚，继而对科技发展本身造成危害。互联网成为社会公众诉求表达的重要渠道和平台，传播速度快、范围广、碎片化的网络舆情，对科技风险防范提出了新挑战。

国家环境是外部环境制约的重点。国际金融危机以来，全球经济

---

① 参见陈宝明：《高度警惕并有效防范化解科技领域重大风险》，《中国党政干部论坛》2019年第3期。

增长持续低迷，国际上保护主义、民族主义、民粹主义情绪上升，逆全球化趋势更加明显，全球正处于“二战”以来国际规则的重要重构期。而传统的国际治理体系逐步弱化，全球治理结构改革难以达到预期结果，既对全球科技交流与合作产生限制，也对全球科技发展造成不利影响，这将使我国科技创新发展外部环境更加紧张。即时通信、社交媒体和日益增长的数字空间为极端和恐怖分子开展宣传和招募活动创造了条件，给各个国家带来非传统安全威胁。

3. 科技发展战略的影响

目标决定行动，行动成就未来。确定了战略目标，才能知道努力的方向。同样，科技活动也会受到一国科技发展战略的影响。科技发展战略是对科学技术发展中有关全局性、长远性、关键性重大问题的谋划，包括科技发展的战略方向、战略目标、战略重点和战略规划。科技发展战略的实质，是规划如何在世界范围内的竞争中争取到科学技术发展的战略主动权。

党的十八大提出实施创新驱动发展战略。2016 年 5 月，中共中央、国务院印发了《国家创新驱动发展战略纲要》（以下简称《纲要》），这是中央为实施创新发展战略制定出台的纲领性顶层设计文件。该《纲要》提出了国家创新驱动发展“三步走”战略目标：第一步，到 2020 年进入创新型国家行列；第二步，到 2030 年跻身创新型国家前列；第三步，到 2050 年建成世界科技创新强国。2016 年 5 月 30 日，习近平总书记在出席全国科技创新大会、两院院士大会、中国科协第九次全国代表大会时强调了我国科技事业发展“三步走”的战略目标。

科技发展战略也会影响我国科技领域重大风险的状况。2017 年，我国研发经费投入强度仅为 2.12%，距 2020 年达到 2.5%的目标仍有较大差距。[①] 当前，我国加大了风险结构调整力度，但是金融风险等

① 参见李民圣：《新时代中国经济的两大主题：创新与共同富裕》，《马克思主义与现实》2019 年第 1 期。

进一步集聚，全球债务规模不降反增，都使我国经济增长面临巨大压力。另外，新技术新产业如果不能有序替代旧产能，会使实体经济发展压力增大，科技创新的研发投入增速下降，资源配置不足，导致科技发展总体目标的实现面临更大压力。

二、防范化解科技领域风险的目标和意义

（一）确保科技自身安全

进入 21 世纪，科技在推动各国经济社会发展中的作用更加凸显，科技发展的水平在很大程度上决定了一个国家在国际竞争格局中的地位。特别是高端科技，更是现代的国之利器。在国际上，没有核心技术的优势就没有政治上的强势；谁掌握了高端新科技的主控权，谁就拥有综合国力竞争的优势和主动权。在一个日趋激烈的国际竞争格局中，科技已成为社会各领域的技术支撑，也成为外部势力控制、制约和破坏本国的重点对象，科技安全在国家安全中的作用日益重要。

作为保障国家安全的战略支撑，科技创新必须摆在国家安全发展的核心位置。2013 年 12 月 20 日，习近平总书记在中国工程院一份建议上的批示中指出："计算机操作系统等信息化核心技术和信息基础设施的重要性显而易见，我们在一些关键技术和设备上受制于人的问题必须及早解决。要着眼国家安全和长远发展，抓紧谋划制定核心技术设备发展战略并明确时间表，大力发扬'两弹一星'和载人航天精神，加大自主创新力度，经过科学评估后选准突破点，在政策、资源等各方面予以大力扶持，集中优势力量协同攻关实现突破，从而以点带面，整体推进，为确保信息安全和国家安全提供有力保障。"① 2014 年 6 月

① 中共中央文献研究室编：《习近平关于科技创新论述摘编》，中央文献出版社 2016 年版，第 45 页。

9日，习近平总书记在中国科学院第十七次院士大会、中国工程院第十二次院士大会上的讲话中指出："只有把核心技术掌握在自己手中，才能真正掌握竞争和发展的主动权，才能从根本上保障国家经济安全、国防安全和其他安全。不能总是用别人的昨天来装扮自己的明天。不能总是指望依赖他人的科技成果来提高自己的科技水平，更不能做其他国家的技术附庸，永远跟在别人的后面亦步亦趋。我们没有别的选择，非走自主创新道路不可。"①

科技发展应用，要牢固树立安全发展的理念。以网络安全和信息化建设为例。2014年2月27日，习近平总书记在中央网络安全和信息化领导小组第一次会议上讲话指出："网络安全和信息化是一体之两翼、驱动之双轮，必须统一谋划、统一部署、统一推进、统一实施。做好网络安全和信息化工作，要处理好安全和发展的关系，做到协调一致、齐头并进，以安全保发展、以发展促安全，努力建久安之势、成长治之业。"② 2015年12月16日，他在第二届世界互联网大会开幕式上再次强调："安全和发展是一体之两翼、驱动之双轮。安全是发展的保障，发展是安全的目的。"③ 在2016年4月19日召开的网络安全和信息化工作座谈会上，习近平总书记指出："互联网核心技术是我们最大的'命门'，核心技术受制于人是我们最大的隐患。一个互联网企业即便规模再大、市值再高，如果核心元器件严重依赖外国，供应链的'命门'掌握在别人手里，那就好比在别人的墙基上砌房子，再大再漂亮也可能经不起风雨，甚至会不堪一击。我们要掌握我国互联网发展主动权，保障互联网安全、国家安全，就必须突破核心技术这个

---

① 习近平：《在中国科学院第十七次院士大会、中国工程院第十二次院士大会上的讲话（2014年6月9日）》，《人民日报》2014年6月10日。

② 《总体布局统筹各方创新发展 努力把我国建设成为网络强国》，《人民日报》2014年2月28日。

③ 习近平：《在第二届世界互联网大会开幕式上的讲话（2015年12月16日）》，《人民日报》2015年12月17日。

难题，争取在某些领域、某些方面实现‘弯道超车’。”①

（二）发挥科技支撑经济社会发展的引领作用

从历史发展角度来看，科技对经济社会发展的作用日趋增大，科学技术从未像今天这样深刻影响着国家的前途命运，也从未像今天这样深刻影响着人们的生活安全，已经成为名副其实的“牛鼻子”。以互联网、大数据、人工智能为标志，生命科学不断迭代更新，世界新一轮科技革命和产业变革正在发生。

对我国来说，更需要发挥科技对经济社会发展的积极推动作用，让科技成为经济社会可持续健康发展的“发动机”和“助推器”，不断推动促进科技成果转化、加速科技成果产业化。2013 年 7 月 17 日，习近平总书记在中国科学院考察工作时的讲话中指出：“面对新形势新挑战，我们必须加快从要素驱动为主向创新驱动发展转变，发挥科技创新的支撑引领作用，推动实现有质量、有效益、可持续的发展。这是着眼全局、面向未来作出的重大战略调整，对我国未来发展具有十分重要的意义。”2013 年 9 月 30 日，他在十八届中央政治局第九次集体学习时的讲话中指出：“我们已经具备了自主创新的物质技术基础，当务之急是要加快改革步伐、健全激励机制、完善政策环境，从物质和精神两个方面激发科技创新的积极性和主动性。要把强化基础前沿研究、战略高技术研究和社会公益技术研究作为重大基础工程来抓，增强预见性和前瞻性，提高原始创新水平。要坚持科技面向经济社会发展的导向，围绕产业链部署创新链，围绕创新链完善资金链，消除科技创新中的‘孤岛现象’，破除制约科技成果转移扩散的障碍，提升国家创新体系整体效能。特别是要加强创新驱动的组织整合。”②

---

① 习近平：《在网络安全和信息化工作座谈会上的讲话（2016 年 4 月 19 日）》，人民出版社 2016 年版，第 10 页。

② 中共中央文献研究室编：《习近平关于科技创新论述摘编》，中央文献出版社 2016 年版，第 14、58 页。

防风险是各项工作的前提和基础。习近平总书记强调："如果发生重大风险又扛不住，国家安全就可能面临重大威胁，全面建成小康社会进程就可能被迫中断。我们必须把防风险摆在突出位置，'图之于未萌，虑之于未有'，力争不出现重大风险或在出现重大风险时扛得住、过得去。"① 对我国科技创新来说，确实既是前所未有的历史机遇，又是必须直面的重大风险。科技领域做出重大决策、制定科技政策和法律制度，都必须把防风险摆在突出位置，力争不出现重大风险或在出现重大风险时扛得住、过得去。我们既要警惕"黑天鹅"，又要防范"灰犀牛"。我们需要颠覆性创新，但决不能犯颠覆性错误。

科技创新不仅要防范化解自身领域的重大风险，及时消除风险源头，而且要成为防范化解政治、意识形态、经济、社会、外部环境、党的建设等领域重大风险的科技利器和战略后盾，让科学技术更加安全地服务于国家和人民。

三、我国防范化解科技领域重大风险的发展过程

（一）改革开放之前

防范化解科技领域重大风险的发展过程，与我国科技创新与发展应用的过程是一脉相承的。新中国成立以后，我国面临着西方发达国家的技术封锁，国内也缺少科研能力出色的科技人才，严峻的国内外形势使得我国必须采取有力措施推动科学技术工作的开展和建设，以科学技术保障国家安全。

1956 年是我国现代科技发展史上具有里程碑意义的一年。年初，党中央发出了"向科学进军"的伟大号召。随后，我国政府先后制定

① 习近平：《在党的十八届五中全会第二次全体会议上的讲话（节选）（2015 年 10 月 29 日）》，《求是》2016 年第 1 期。

出发展科学技术的“十二年规划”和“十年规划”，即《1956—1967年科学技术发展远景规划》《1963—1972年科学技术发展规划纲要》。科技事业进入了一个有计划的蓬勃发展新阶段。两个规划的实施，推动了我国科技事业的发展，培养了科技人才队伍，我国科技迈开了独立前进的步伐，催生了以“两弹一星”为代表的一大批科技成果，促进了一系列新兴工业部门和产业的诞生，国家实力提升，国人志气大涨。

20世纪50年代前期是中苏关系的蜜月期，成千上万的苏联专家来到中国，把知识、经验和技术传授给了中国。但是，20世纪50年代中期以后，中苏关系急剧恶化。1959年6月，苏共中央致函中共中央，单方面废除《国防新技术协定》。1960年7月，苏联政府终止向我国派遣专家，撕毁了同我国签订的600个合同，随后撤走在华协助工作的1 390名专家，并带走全部图纸、计划和资料，停止供应我国建设急需的重要设备，大量减少成套设备和各种设备中关键部件的供应，导致我国250多个企业和事业单位的建设处于停顿或半停顿状态。[①] 为此，中共中央深刻感受到单靠别人帮助、受别人制约的风险，认识到中国必须走适合自己的发展道路，并且要防备那些掌握着先进技术的国家利用技术手段来控制我国。因此，在科技安全工作方针上，我国强调要走“独立自主、自力更生”的道路为主，争取外援为辅，将二者有效融合在一起，才能使我国的科技事业既不受制于人也不故步自封。

20世纪60年代，在分析国内外科技安全形势的基础上，我国提出了独立自主研制“两弹一星”的战略决策。这种对科技安全工作的积极态度，促使我国的“两弹一星”成为20世纪下半叶中华民族创建的辉煌伟业。虽然“文化大革命”期间，科技管理机构、科研机构、科研条件相继受到严重破坏，但是按照第四届全国人民代表大会确定

① 参见中华人民共和国科学技术部：《中国科技发展70年（1949—2019）》，科学技术文献出版社2019年版。

的把中国建设成为社会主义现代化强国的宏伟目标，中国科技界力求弄通毛泽东提出的科技战线的具体路线问题，提出了六个关系：政治与业务的关系，生产斗争与科学实验的关系，专业队伍与群众队伍的关系，自力更生与学习外国长处的关系，理论与实际、基础与应用的关系，党的绝对领导与百家争鸣的关系。

总体来说，改革开放以前，我国开始自主研发科技，打破了西方技术垄断的局面，将科学技术摆在发展的前列。虽然，在这一阶段国家对科技安全问题的直接探讨并不深入，但是我国重视以科技发展保证国家安全和恢复民生的做法，无疑为后期的科技安全建设奠定了良好的基础。

（二）改革开放后至20世纪末

党的十一届三中全会确定了“解放思想、实事求是、团结一致向前看”的指导方针，做出了把战略重点转移到社会主义现代化建设上来的战略决策，提出对外开放的方针和重视科学、教育的方针。改革开放政策启动以来，我国既面临着建设社会主义市场经济体制的国内挑战，也面临着加入世界贸易组织以后在世界范围内的发展和巩固地位的国际挑战。

1978年3月18日，邓小平在全国科学大会开幕式上讲话指出，要积极开展国际学术交流活动，加强同世界各国科学界的友好往来和合作。他说：“认识落后，才能去改变落后。学习先进，才有可能赶超先进。提高我国的科学技术水平，当然必须依靠我们自己努力，必须发展我们自己的创造，必须坚持独立自主、自力更生的方针。但是，独立自主不是闭关自守，自力更生不是盲目排外。科学技术是人类共同创造的财富。任何一个民族、一个国家，都需要学习别的民族、别的国家的长处，学习人家的先进科学技术。我们不仅因为今天科学技术落后，需要努力向外国学习，即使我们的科学技术赶上了世界先进水平，也还要学习人家的长处。”[①]

20 世纪 80 年代，国际形势呈现出“和平与发展”的大环境，科学技术推动经济社会发展的作用愈加明显，国际以科技发展进步为主要支柱和主要动力的经济、军事、国家实力的竞争更趋激烈。邓小平做出了“四个现代化，关键是科学技术的现代化”“科学技术是第一生产力”的重要论断，指出科学技术对推动经济社会发展的重要作用，并从经济的角度来看待科技安全的问题。针对电子信息技术和生物基因工程技术在世界范围内的发展，邓小平提出发展高科技、实现产业化。然而，高新技术的发展在带来巨大经济效益的同时，也提升了我国的综合国力和科技安全实力，要通过体制机制改革，处理好经济发展和科技发展的关系问题。因为新的经济体制，有利于科技进步的体制；新的科技体制，有利于经济发展的体制。对科技发展与经济安全的重视，已经从广义上将科技安全与经济安全有效结合起来，科技安全问题也逐渐受到重视。

进入 20 世纪 90 年代，世界科技革命出现新的高潮，科学技术对经济社会发展的推动作用日益明显，成为决定国家综合国力和国际地位的重要因素。我国根据世界科技的发展潮流和现代化建设的需要，结合科学技术发展的优先性和前沿性这一关系科技安全的重要问题，及时提出了“科教兴国”“可持续发展”等多项战略。科教兴国战略对于我国来说，是实现科技安全的必然选择，也是中华民族实现科技安全发展的必经之路。

党的十四大以后，我国开始进行科技体制改革，总体目标是：建立适应社会主义市场经济发展，符合科技自身发展规律和市场经济运行规律，科技与经济密切结合的新型体制，促进科技进步，实现科技、经济和社会的协调发展。随着科技体制改革的深入，科技工作的重心

① 《邓小平文选》第 2 卷，人民出版社 1994 年版，第 91 页。

向经济建设的方向转移，必须从物质基础上、政策上、体制上、管理上采取有效措施，为我国科学安全的发展建立更为坚实的基础。1999年，我国提出要把以科技创新为先导促进生产力发展的质的飞跃，摆在经济建设的首要地位。除了吸收和借鉴有助于我国发展的文明成果，也要不吝啬引进国外先进的科学技术，更要自主研发高新技术并掌握核心技术。

在此期间，科技伦理问题被首次提出。2000 年 8 月 5 日，江泽民在北戴河会见 6 位国际著名科学家时指出："在 21 世纪，科技伦理的问题将越来越突出。核心问题是，科学技术进步应服务于全人类，服务于世界和平、发展与进步的崇高事业，而不能危害人类自身。建立和完善高尚的科学伦理，尊重并合理保护知识产权，对科学技术的研究和利用实行符合各国人民共同利益的政策引导，是 21 世纪人们应该注重解决的一个重大问题。"① 这奠定了科技安全问题的基本导向和价值取向，不仅对我国的科技事业发展具有深远意义，对世界科技安全问题也有一定影响。

综上可见，这一时期，我国科技安全的基础日渐完善，政治和经济的快速发展使得国家对科技安全的需求也越来越强烈，特别是某些国家对中国科技发展的控制和渗透，以及力图通过科技实力破坏我国科技发展安全环境的企图越发明显，我国科技安全建设刻不容缓。

（三）21 世纪以来

进入 21 世纪，霸权主义国家通过科技优势对发展中国家进行控制和渗透，不断威胁发展中国家科技安全，科技安全对国家安全具有越来越重要的作用。特别是党的十八大以来，科技安全已经成为我国国家安全的重要组成部分，在保障我国国家安全和人民安全方面发挥着

① 《江泽民主席在北戴河会见诺贝尔奖获得者》，《人民日报》2000 年 8 月 6 日。

重要作用。

党的十六大综合分析国内外发展大势，立足国情，提出人才强国、增强自主创新能力、建设创新型国家的重大战略，努力营造有利于科技安全发展的人才环境，强调“构建先进国家安全和公共安全体系”。党的十七大报告提出建设创新型国家这一重要发展战略。作为提升我国综合国力的关键，创新型国家的建设离不开科学技术的创新，这就对提高自主创新能力提出了更高的要求。坚持走具有中国特色的自主创新道路，就要将自主创新摆在首要位置，让创新的思想渗入现代化建设的方方面面。同时要坚持有所为也有所不为，重点攻克作为基础的具有战略性和前瞻性的关键技术，充分发挥关键技术的领头作用，带动科学技术的整体发展，实现2020年进入创新型国家行列的重大战略目标。

2010年6月7日，胡锦涛在中国科学院第十五次院士大会、中国工程院第十次院士大会开幕式上指出：“要加快发展空间安全、海洋安全、生物安全、信息网络安全技术，提高对传统和非传统国家安全和公共安全的监测、预警、应对、管理能力，加强安全生产技术研究和推广，构建先进国家安全和公共安全体系，有效防范对人民生活和生态环境的生物威胁，维护信息和网络空间安全，维护国家利益，捍卫国家主权，保障社会稳定。”① 科技安全问题，以及关系到科技安全的人才和创新问题，已经上升到国家战略层面，先进的国家安全和公共安全体系的构建越来越受到国家重视。

党的十八大以来，科技安全日益成为国家安全的重要组成部分。科技安全与政治、经济、军事等国家安全的其他方面息息相关，在信息大爆炸和核能源盛行的今天，保障科技安全就是保障国家安全。

2013年12月20日，习近平总书记在中国工程院一份建议上的批

① 《胡锦涛文选》第3卷，人民出版社2016年版，第406页。

示中指出：“要着眼国家安全和长远发展，抓紧谋划制定核心技术设备发展战略并明确时间表……集中优势力量协同攻关实现突破，从而以点带面，整体推进，为确保信息安全和国家安全提供有力保障。”[①] 习近平总书记在2014年4月召开的中央国家安全委员会第一次会议上，将科技安全纳入总体国家安全观之中，从而提升了科技安全建设在整个国家安全建设中的地位。习近平总书记指出，科技是国家强盛之基。肯定科学技术的地位，对于全面落实党的科教兴国战略和加快建设科技强国的目标都有着重大意义，对加强科技安全建设也起到了敦促的作用。2014年8月18日，习近平总书记在中央财经领导小组第七次会议上的讲话中强调：“我国是一个发展中大国，正在大力推进经济发展方式转变和经济结构调整，必须把创新驱动发展战略实施好。”[②]

党的十八大明确提出，科技创新是提高社会生产力和综合国力的战略支撑，必须摆在国家发展全局的核心位置，强调要坚持走中国特色自主创新道路、实施创新驱动发展战略，坚持“引进来”和“走出去”相结合，充分利用国内外两种科技资源，通过科技创新实现科技安全，为共同应对全球挑战做出贡献。要进行科技创新也就意味着要同时进行科技体制改革，使科技体制能够适应并有助于科学技术的发展，以科技体制保障科技安全。同时，要培养一批结构合理的、具有凝聚力的、高素质科技创新人才，通过科技人才建设加强科技安全。

习近平总书记在党的十八届五中全会上提到，绿色科技已然成为21世纪全球科技发展的主要趋势，是与社会主义生态文明建设相契合的，有助于人与自然和谐发展的重要工作。随着低碳、节能、新能源的出现，绿色科技也离不开绿色科技创新。从能源选择到应用方式，只有发挥好绿色科技创新的带头作用，才能做到高效利用能源的同时

---

① 中共中央文献研究室编：《习近平关于科技创新论述摘编》，中央文献出版社2016年版，第45页。

② 《加快实施创新驱动发展战略 加快推动经济发展方式转变》，《人民日报》2014年8月19日。

污染最少，进而形成一种良性循环，促成人与社会和谐相处。

党的十九大报告再次强调要加快建设创新型国家。报告指出："创新是引领发展的第一动力，是建设现代化经济体系的战略支撑。要瞄准世界科技前沿，强化基础研究，实现前瞻性基础研究、引领性原创成果重大突破。加强应用基础研究，拓展实施国家重大科技项目，突出关键共性技术、前沿引领技术、现代工程技术、颠覆性技术创新，为建设科技强国、质量强国、航天强国、网络强国、交通强国、数字中国、智慧社会提供有力支撑。加强国家创新体系建设，强化战略科技力量。深化科技体制改革，建立以企业为主体、市场为导向、产学研深度融合的技术创新体系，加强对中小企业创新的支持，促进科技成果转化。倡导创新文化，强化知识产权创造、保护、运用。培养造就一大批具有国际水平的战略科技人才、科技领军人才、青年科技人才和高水平创新团队。"①

党的十九届四中全会审议通过的《中共中央关于坚持和完善中国特色社会主义制度　推进国家治理体系和治理能力现代化若干重大问题的决定》（以下简称《决定》）指出："完善科技创新体制机制。弘扬科学精神和工匠精神，加快建设创新型国家，强化国家战略科技力量，健全国家实验室体系，构建社会主义市场经济条件下关键核心技术攻关新型举国体制。加大基础研究投入，健全鼓励支持基础研究、原始创新的体制机制。建立以企业为主体、市场为导向、产学研深度融合的技术创新体系，支持大中小企业和各类主体融通创新，创新促进科技成果转化机制，积极发展新动能，强化标准引领，提升产业基础能力和产业链现代化水平。完善科技人才发现、培养、激励机制，健全符合科研规律的科技管理体制和政策体系，改进科技评价体系，健全科技伦理治理体制。"《决定》还再次把科技安全列为国家安全体系的

① 习近平：《决胜全面建成小康社会　夺取新时代中国特色社会主义伟大胜利——在中国共产党第十九次全国代表大会上的报告》，人民出版社2017年版，第31—32页。

重要组成部分，强调要完善国家安全体系，指出："坚持总体国家安全观，统筹发展和安全，坚持人民安全、政治安全、国家利益至上有机统一。以人民安全为宗旨，以政治安全为根本，以经济安全为基础，以军事、科技、文化、社会安全为保障，健全国家安全体系，增强国家安全能力。"①

综上所述，进入 21 世纪以来，全球科技创新进入空前密集活跃的时期，新一轮科技革命和产业变革正在重构全球创新版图、重塑全球经济结构，科技对我国经济社会发展和在国家安全中的地位和作用日益突出。在此过程中，我国日益重视防范化解科技领域重大风险，制定了切实有效的措施，积极维护科技领域安全。特别是党的十八大以来，我国将科技安全和国家安全与全面建成小康社会和实现中华民族伟大复兴的中国梦紧密联结起来，从而在把握世界科技发展趋势的同时，更加尊重科学技术发展的自身特点，更加准确地研判科技安全问题面临的新形势，更加主动地做好防范化解科技领域重大风险工作。

① 《中共中央关于坚持和完善中国特色社会主义制度 推进国家治理体系和治理能力现代化若干重大问题的决定》，人民出版社 2019 年版，第 21、30 页。

第二章　防范化解重大风险的基本流程与方法

防范化解重大科技风险，要符合风险管理的一般规律。风险管理具有特定的工作流程，我们需要掌握基本的工作方法。重大风险有一个逐渐发展变化的过程，防范化解重大风险也是一个多阶段的动态演进过程。根据我国《中华人民共和国突发事件应对法》等法律法规规定，参照《风险管理国际标准》（ISO 31000）等标准，我们可以把一个完整的防范化解重大风险的过程分为计划与准备、风险识别、风险评估、风险处置、风险监测与更新、风险沟通六个环节。其中，计划与准备、风险识别、风险评估、风险处置是按照时间先后依次进行的四项阶段性任务，风险监测与更新、风险沟通则是贯穿风险管理工作始终的两项全程性任务。

一、计划与准备

计划与准备是各单位开展防范化解重大风险工作的基础，是确保整个防范化解重大风险过程有序有效进行的保证。不同部门对防范化解重大风险的实施过程可能存在不同的要求。在进行防范化解重大风险之前，各部门应进行充分的计划和准备，制订有效的防范化解重大风险工作方案，明确工作的具体目标、范围、组织管理与工作机制、职责分工、实施程序、进度安排和保障措施等。计划与准备是对防范化解重大风险进行整体设计和统筹安排的过程，是防范化解重大风险的基础性工作。俗话说，“磨刀不误砍柴工”。只有精心谋划、认真准备、周密安排，才能为防范化解重大风险工作奠定良好的基础。

（一）明确风险管理任务

防范化解重大风险，首先需要对组织所面临的内部环境和外部环境进行科学的评估，由此为组织确定防范化解重大风险工作的目标提供基础。环境分析可以运用 SWOT 分析方法。所谓 SWOT 分析，是指基于内外部竞争环境和竞争条件的态势分析，就是将与研究对象密切相关的各种主要内部优势、劣势和外部的机会、威胁等，通过调查列举出来，并依照矩阵形式排列，然后用系统分析的思想，把各种因素相互匹配起来加以分析，从中得出一系列相应的结论。

在掌握组织所处的内部和外部环境的基础上，各单位应根据各自的职责和工作实际，依据相关工作安排，明确风险管理工作范围，细化各项工作任务。可在现有职责分工基础上，进一步拓展或调整风险管理工作范围。

例如，为确保第 29 届奥运会和第 13 届残奥会安全顺利举办，北京市在本市范围内开展奥运期间自然灾害、事故灾难、公共卫生和社会安全事件四大类突发事件的风险评估工作，目的是建立科学、规范、系统、动态的风险评估机制，制定有效的风险防控措施，切实做到预防与处置并重、评估与控制相结合，不断完善本市应急预案体系，进一步提升应急管理工作水平。

在前期调研分析的基础上，北京市最终确定了开展风险评估的时间范围、空间范围和工作范围。其中，时间范围是针对奥运期间，即 2008 年 6 月至 10 月；空间范围是奥运会场馆外围保障区之外的北京市行政区；工作范围为涵盖自然灾害、事故灾难、公共卫生和社会安全事件等。

（二）制定风险标准

风险标准是评估风险重要程度时的参考条件，它包括操作性的、技术性的、经济性的、法律性的、社会性的，以及人道意义上的各种标准。设定风险标准需要综合考虑相关经费配备、法律及法令规定、社会经济及环境因素、利益相关者的关注程度、影响评估的先后次序及其他外在因素。

随着风险管理工作变得日益重要，西方国家纷纷制定全国性风险管理标准，以更好地指导和推动风险管理的发展。目前，在世界范围内影响较大并被国际标准组织（ISO）认可的国家性标准，主要有澳大利亚/新西兰风险管理标准（AS/NZS 4360：1995）、加拿大风险管理标准《决策者指南：加拿大国家风险管理指南》（CAN/CSA－Q850－97）、英国风险管理标准《项目管理第三篇：与商业相关的项目风险管理指南》（BS－6079－3：2000）和日本风险管理标准（JISQ：2001）。其中，制定最早并且影响最大的当属澳大利亚/新西兰风险管理标准，如图 2－1 所示。

（三）制订具体工作方案

1. 制订风险管理工作方案

各单位应结合自身工作实际，制订详细的风险管理工作方案，明确组织领导、职责分工、工作进度和经费预算等。

第一，明确组织领导。各单位要高度重视风险管理工作，加强领导，由主要负责同志任第一责任人，建立风险管理工作机制，成立风险管理工作领导协调小组，全面领导本单位风险管理工作。同时，应组织具体管理人员和专业技术人员，组成风险管理工作小组，开展风险管理的具体工作。

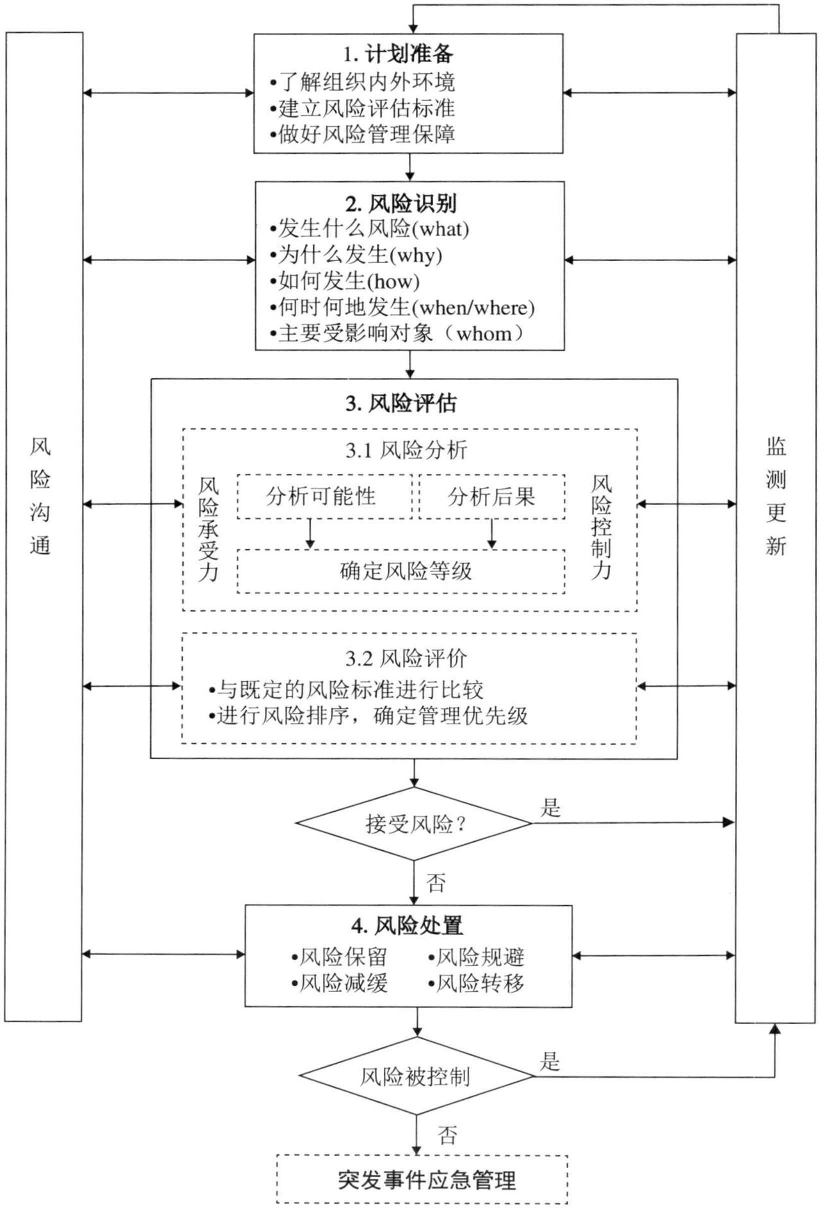

图 2-1　风险管理的基本流程

资料来源：澳大利亚/新西兰风险管理标准（Risk Management，AS/NZS 4360：2004）。

第二，明确职责分工。各单位开展风险管理工作应主要依托常态行政管理体制，由各单位的相关业务科室和部门具体承担风险评估与控制工作。各单位应急管理科室和部门要发挥统筹协调作用，协调单位内部相关业务科室和部门，加强与业务科室、配合单位间的沟通，及时解决工作中存在的问题和可能出现的职责不清、职责交叉等问题。

第三，明确工作进度和经费预算。针对工作范围，根据自身所承担的工作任务要求，编制工作进度和经费预算，切实有效地推进工作。

在北京市奥运期间突发事件风险评估工作中，北京市编制了《北京市奥运期间突发公共事件风险评估框架指南》和《北京市奥运期间突发公共事件风险评估实施细则》，用于指导相关地区和部门开展公共安全风险评估工作，发挥风险管理工作方案的作用。

2. 做好保障措施

“兵马未动，粮草先行。”开展防范化解重大风险工作，必须做好各方面的充分保障，才能掌握工作的主动权，从而确保防范化解重大风险工作取得理想的效果。具体而言，防范化解重大风险工作所需的资源保障，包括风险识别、评估、处置、沟通和监测全过程中所必需的人、财、物、技术等各个方面。

在防范化解重大风险实施过程中，要重点抓好以下三个方面的保障措施。

第一，开展风险管理工作培训。风险管理工作方案应经本单位主要领导批准，并组织对管理人员和技术人员的培训，让机构相关人员充分认识开展风险管理工作的重大意义，熟练掌握风险管理的基础理论、基本流程和主要方法。

第二，发挥专业机构作用。鉴于风险管理工作专业性、科学性比较强，建议可以依托专家或专业科研机构的支持，开展风险分析、评估等工作。为此，相关机构要充分发挥专家的作用，依托各专业科研机构，运用现代科学技术与方法，充分借鉴国内外相关理论和研究成果，开展风险管理工作。

第三，建立风险管理保密制度。风险管理的内容重要且敏感，要根据相关规定建立风险管理保密制度。同时，要注意加强对相关知识产权的保护。

二、风险识别

风险识别是指识别和认定需要管理的风险，即对尚未发生的、潜在的各种风险进行系统的、连续的认识和归类，分析风险的来源和产生风险事件的原因，确定风险可能的影响范围。习近平总书记指出：“维护网络安全，首先要知道风险在哪里，是什么样的风险，什么时候发生风险，正所谓‘聪者听于无声，明者见于未形’。感知网络安全态势是最基本最基础的工作。要全面加强网络安全检查，摸清家底，认清风险，找出漏洞，通报结果，督促整改。”[①] 风险识别是风险评估的基础，也是做好风险管理决策的基础，因为，风险识别是源头，问题只有及时被暴露出才可能有得到解决的机会。风险识别的主要任务是在明确风险管理对象和目标的基础上，找出形成风险的来源，收集相关基础资料和数据，建立风险管理数据库，并确定相关的理论方法和标准，为后续工作奠定基础。

在2008年北京奥运期间突发公共事件风险评估工作中，相关人员在全市开展奥运期间风险源调查工作，初步摸清了北京市可能出现的各种风险源。结果显示，北京市奥运期间城市公共安全领域共存在32类、250项风险。[②]

---

① 习近平：《在网络安全和信息化工作座谈会上的讲话（2016年4月19日）》，人民出版社2016年版，第17—18页。

② 参见闪淳昌、薛澜主编：《应急管理概论——理论与实践》，高等教育出版社2012年版。

（一）风险识别的内容

风险是发生突发事件并产生不利后果的可能性。要根据风险管理的范围，对存在的风险进行识别和描述，排查并确定各类风险源、风险点、危险源、事故隐患、薄弱环节、具体管理问题、重点防护目标等（以下统称“风险控制点”）。

通过风险识别，主要是要回答下列问题：可能存在的风险是什么（列举风险/可能出现的不利情况）；引发这些风险的因素包括哪些（可能导致不利事件发生的原因、致灾因子、薄弱环节、管理问题等）；风险可能导致怎样的后果（可能造成的突发事件和次生、衍生灾害，影响的对象和可能的影响方式，等等）。

（二）风险识别的程序

第一，分析并列出所有可能出现的风险。从不同层面、不同角度分析、列举、细化各种可能发生的风险，将依据资料、数据统计出的风险，以及分析出的潜在风险进行归纳、汇总，并列出风险清单。

第二，排查风险控制点并列出清单。这些风险控制点是对风险实施有效管理的具体落脚点，应当对其具体化、明确化，并尽可能空间化。

第三，确定风险及风险控制点列表。根据具体风险管理工作任务（特定时期、特定空间），结合内外环境和经济社会发展形势特点及所掌握的公共安全信息，对已分析和排查出的风险与风险控制点进行必要的筛选、排除和调整，填写风险与风险控制点识别表。

（三）风险识别的方法

不同类型的风险的分析方法和工具不同，各单位可根据自身工作特点和实际需要，合理选择使用分析工具和方法。一般使用的方法和工具主要包括但不限于以下几类：一是历史数据资料分析。这一分析方法适用于对各类风险的识别。二是系统（或流程）分析。对于重要的城市运行系统（如水、电、气、热、交通、通信等），可以运用系统分析方法对每一环节可能出现的不利情况进行全面排查列举。对于流程清晰的突发事件（例如食品安全事件等），可以运用此方法，对管理全流程的各个环节进行风险与风险控制点列举；也可借鉴事件树分析（ETA）方法的思路，按事件发展的时间顺序，系统分析事件可能产生的各种后果，定性地了解整个事件的动态变化过程。三是专家经验和讨论会。通过征求内、外部专家意见，开展自由讨论、座谈和调研等，列举可能出现的不利情况。这一方法适用于各类风险，特别适用于缺乏历史数据、无法开展系统（或流程）分析的风险类型。四是相关信息收集。通过有针对性的信息收集（包括公开的媒体信息、情报工作等）获取最新信息，对事件有关现状和趋势做出判断。可根据不同阶段面临的不同问题，制定有针对性的信息收集要点，通过研判当前形势和发展趋势，列举可能出现的各类不利情况。这一方法适用于各类风险。

根据不同风险的特点，应综合使用上述方法和工具。需要强调的是，由于在风险识别这一步骤中，未被列入的风险（或风险控制点）可能被整体忽略，因此为保障分析的全面和可靠，要尽可能使用系统（或流程）分析的方法。

（四）风险识别的要点

2016 年 7 月 20 日，习近平总书记就安全生产和汛期安全防范作重要指示，他强调："要加强城乡安全风险辨识，全面开展城市风险点、危险源的普查，防止认不清、想不到、管不到等问题的发生。"①

① 《安全生产一丝一毫不能放松》，《人民日报（海外版）》2016 年 7 月 21 日。

风险识别，要充分发挥想象力，实现对各种风险的全面覆盖，避免出现重大疏漏。所谓想象力，是指根据既定的客观因素，在符合逻辑关系和发展规律的基础上，主观进行创造性的想象。爱因斯坦曾经指出："想象力比知识更重要，因为知识是有限的，而想象力概括了世界上的一切，推动着社会进步，并且是知识进步的源泉。"①

发挥想象力，要求我们要重视"未知的未知"，穷尽各种可能，"不怕一万就怕万一"。美国政治预测学家西尔弗（Nate Silver）在《信号与噪声》一书中写道：面对未知的未知，"我们会有些思维障碍，或者说我们的经验不足以想象到此类事件的发生，于是，便认为这件事情根本不可能发生"。他以2008年国际金融危机为例，说道："金融危机以及其他大多数失败的预测都源于一种盲目的自信。他们用精确的预测冒充准确的预测，于是我们有些人就上当了，还将赌注翻番。我们自以为已经克服了辨别力中的盲点，却没有料到实力雄厚如美国这样的国家此时经济的发展也戛然而止了。"他还指出，人们在作规划时容易遗漏这些未知的未知。"人们在作规划时，总会将不熟悉和不可能相混淆。那些我们从未认真考虑过的偶发事件看起来总是很奇怪，那些看起来很奇怪的事情则常被视为不可能发生，而不可能的事情就不需要认真考虑了。"②

美国"9·11"独立调查委员会公布的调查报告指出，"9·11"恐怖袭击事件之所以发生，最大的问题是"想象力的失败"（failure of imagination）——"9·11"事件并非系统的失败。没人想得到劫机者会故意撞击大楼。因为通常情况下，他们并不想死。虽然事前个别政府机构关注到了劫机这种威胁并构建了多种情景，但挑战在于，没人去构建并检验一种极端的情景（指基地组织以客机为攻击武器对美国

① 《爱因斯坦文集》第1卷，商务印书馆1976年版，第284页。

② 纳特·西尔弗著：《信号与噪声：大数据时代预测的科学与艺术》，胡晓姣、张新、朱辰辰译，中信出版社2013年版，第26、366、367页。

国内设施进行自杀式袭击），然后开展相应的建设性行动。

德鲁克（Peter F. Drucker）指出："找出各种选择方案，也是我们激发想象力、训练想象力的不二法门，是'科学方法'的精髓所在，一流科学家都具备这样的特质——无论他多么熟悉观察到的现象，他还是会把其他可能的解释都纳入考虑。"① 发挥想象力，开展风险识别，要求我们端稳"望远镜"，架起"显微镜"，站在战略全局的角度，敢于杞人忧天，敢于大胆假设、小心求证，既见人之所见，亦见人之所未见。

2014 年 12 月 31 日 23 时 35 分，上海市黄浦区外滩陈毅广场东南角通往黄浦江观景平台的人行通道阶梯处发生拥挤踩踏，造成 36 人死亡，49 人受伤。这起事件，发生在敏感时间（跨年迎新之际）、敏感地点（外滩陈毅广场地标性建筑区），涉及敏感人群（伤亡以青年人和外地人为主），引起全社会高度关注。调查认定，这是一起拥挤踩踏并造成重大伤亡和严重后果的公共安全责任事件，后果极其严重，社会影响极其恶劣，教训极其深刻。

"12·31"拥挤踩踏事件，是一起典型的因变更风险管理失误而引发的重特大突发事件。② 导致事件发生的最重要原因，是相关部门没有发挥想象力，对风险识别不到位，致使出现认不清、想不到、管不到的问题。调查认定：对事发当晚外滩风景区特别是陈毅广场人员聚集的情况，黄浦区政府和相关部门领导思想麻痹，严重缺乏公共安全风险防范意识，对重点公共场所可能存在的大量人员聚集风险未作评估，预防和应对准备严重缺失，事发当晚预警不力、应对措施不当，是这起拥挤踩踏事件发生的主要原因。具体而言，表现在五个方面：一是对新年倒计时活动变更风险未做评估；二是对新年倒计时活动

---

① 彼得·德鲁克著：《管理的实践》，齐若兰译，机械工业出版社 2019 年版，第 362 页。

② 参见钟开斌：《逆向变更风险管理——"12·31"外滩陈毅广场拥挤踩踏事件案例研究》，《西南民族大学学报》2018 年第 6 期。

变更信息宣传严重不到位；三是预防准备严重缺失；四是对监测人员流量变化情况未及时研判、预警，未发布提示信息；五是应对处置不当。

三、风险评估

风险评估是指对不良结果或不期望事件发生的概率进行描述及定量的系统过程，也就是对一特定期间内安全、健康、生态、财产等受到损害的可能性及可能程度做出评估的系统过程。风险评估是通过分析风险的概率与后果来界定风险的，在此基础上对各种风险进行综合排序，从而为避免或减轻风险提供一套科学系统的方法。风险评估的最终结果体现为对风险的判断，它以模拟影响的概率分布表现出来。从内容来看，风险评估过程包括：风险承受能力与控制能力分析，风险可能性分析，风险后果严重性分析，确定风险等级和可控性分析等环节。

风险评估包括风险分析和风险评价两个环节。其中，风险分析是根据风险类型、获得的信息和风险评估结果的使用目的，对识别出的风险进行定性或定量分析，从而确定风险的可能性与不利后果的具体级别。风险评价是通过对从风险分析中获得的风险等级和预先设定的风险标准进行比较，对面临的各种风险进行综合排序，确定不同风险的重要程度和可接受水平。

风险评估结果显示，在识别出的北京市奥运期间城市公共安全领域 32 类、250 项风险中，有极高风险 21 项，高风险 70 项，中风险 97 项，低风险 62 项。在调查确认的 2 204 个风险源（点）中，有 522 个在奥运前可基本消除或显著降低的风险。在全市 94 个重点区域中，有 49 个存在极高风险或高风险。综合考虑各项风险的可能性及其对奥运赛事和城市安全的影响，以及风险的承受力和控制力，相关部门最终确定北京在奥运期间城市公共安全方面主要面临14个方面的风险。①

（一）风险评估的内容和程序

1. 分析承受力和控制力

风险的可能性和后果受两个因素影响：一是风险所作用对象（客体）的承受能力；二是控制和应对风险的能力。因此，对风险承受能力与控制能力的分析，是评估风险可能性和后果级别的前提。

第一，分析风险承受能力。风险是通过作用于对象而产生影响和后果的。对象的风险承受能力不同，风险发生的可能性和产生的后果均有可能不同。风险承受能力分析就是分析受风险影响对象对风险的承受、抵抗能力及其脆弱性，包括系统自身承受能力、社会心理承受能力等。

分析风险承受能力的基本步骤包括：一是明确受影响对象。根据风险识别阶段的分析结果，明确某一风险可能影响的具体对象，包括受影响的人群、设施、系统、环境等。二是分析各类受影响对象的风险承受能力。通过各类情况报告、专家会商、专项调研等方式，分析各类受影响对象的物理属性、心理属性等特点，判断其风险承受能力的大小。例如，对人群的风险承受能力可以从心理素质、防灾应急知识、经济能力等方面进行分析。对设施的风险承受能力可以从抗外力能力、安全设施是否充分等方面进行分析。

第二，分析风险控制能力。风险控制能力分析是对所有为避免或减少风险发生的可能性及潜在损失的措施及手段进行分析和评估的过程。这一环节是风险评估工作的重要组成部分。整理和确定现有控制措施，分析各项措施的有效性，及时评估风险可能性和后果的基础，也是查找当前工作不足、提出改进措施的重要途径。

① 参见闪淳昌、薛澜主编：《应急管理概论——理论与实践》，高等教育出版社2012年版。

评估风险控制能力可以从（但不限于）以下几个方面进行：一是常态管理水平，包括：安全管理规章制度的建设和执行情况，设施设备运行水平，工程技术措施落实情况。二是应急管理水平，包括：应急组织体系，应急预案，预测预警能力，应急处置能力，应急保障能力（人力、物力、财力、技术水平），善后恢复能力等。三是宣传教育培训，包括对系统内部人员日常安全教育培训和对社会群众开展应急宣传教育。

2. 分析风险可能性

风险可能性分析是通过对风险的固有属性、受影响对象的风险承受能力、风险管理者对风险的控制能力等要素进行综合分析，确定风险发生的可能性的过程。

风险可能性受风险本身固有属性的影响（例如不同传染病疫情的暴发概率不同），同时与风险承受能力成反比（例如人群抵抗力越强，发生风险可能性就越小），与风险控制能力成反比（例如医疗技术水平越高、防范措施越完善，风险可能性就越小）。在风险可能性评估中应综合考虑这三个因素。

3. 评估风险后果

分析风险后果是风险评估过程中最重要的环节之一。确定风险后果等级对于提出相应的措施，制订必要的应急预案，具有重要的参考价值。风险后果评估工作是否全面、准确、客观，将直接影响我们对风险等级判断的准确性。

风险后果是指一旦事件发生，其可能产生的不利影响及影响的严重程度。进行风险后果分析时，应当确定所需要分析的后果的类型和受影响的对象。

风险后果可分为客观损失和主观影响：客观损失包括人员伤亡、经济损失、环境影响等；主观影响包括政治影响、社会影响、媒体关注度、敏感程度等。风险后果受风险本身固有属性的影响，同时与风险承受能力成反比，与风险控制能力成反比。

4. 确定风险等级

根据风险发生的可能性大小和后果严重程度，采用风险矩阵法确定风险等级（见表 2－1）。风险分为极高、高、中、低四级。

表 2－1 基于“可能性—不利后果”的风险级别划分

可能性	不利后果				
	几乎无	一般	较大	重大	特别重大
极少	低	低	低	中	高
不太可能	低	低	中	高	极高
可能	低	中	高	极高	极高
很可能	中	高	高	极高	极高
必定	高	高	极高	极高	极高

资料来源：澳大利亚/新西兰风险管理标准（Risk Management，AS/NZS 4360：2004）。

5. 确定风险可控性

根据风险性质和当前风险控制能力，分析判断风险的可控性。

风险的可控性可分为三类：第一类是可消除（规避）的风险（可控性为 A 类），是指在一定的时间内，通过采取针对性措施，控制风险产生的原因或后果，可以消除（或基本消除）的风险。第二类是可降低的风险（可控性为 B 类），是指通过实施工程技术措施或加强管理措施进行有效控制，进而可以把等级降低到可接受程度的那些风险。例如对极高风险、高风险采取措施进行控制，使其等级降低到可接受的程度（中或低）。第三类是不可控的风险（可控性为 C 类），这类风险具有复杂性、叠加性、综合性等特点，有些风险是防不胜防的，有些风险是不可预见的。因而无法提前采取消除或降低的针对性措施。

（二）风险评估的方法

不同领域、不同类型风险评估的方法不同，常使用的方法有三种。

这些方法可单独或组合使用。

第一，模型定量分析。基于详细而完备的基础数据，使用一套科学的指标体系，采用相关模型（如事故树、事件树技术）计算，对风险可能性、风险后果进行综合的定量分析。

第二，历史数据分析。利用相关历史数据来识别过去发生的事件或情况，借此推断其在未来发生的可能性及其后果。

第三，专家经验和会商。系统化和结构化地利用专家知识和经验，分析某种风险的可能性及其后果。专家判断应利用一切现有的相关信息，包括历史、系统、组织、实验、设计等。获得专家判断的方法众多，常用方法包括德尔菲法、层次分析法等。

（三）风险控制点的等级评估

根据风险控制点的具体特性及其存在（或引发）风险的可能性和严重程度，原则上可将风险控制点分为特级、一级、二级、三级。

对风险控制点的等级评估，应当依照各行业、各领域相关专业（行业）标准进行分级。没有相关专业（行业）标准的，可参照上述风险等级评估方法对风险控制点进行等级评估。

（四）风险评估的要点

风险评估的过程，就是“对症下药”中的“对症”过程。习近平总书记强调：“要清醒认识面临的风险和挑战，把难点和复杂性估计得更充分一些，把各种风险想得更深入一些，把各方面情况考虑得更周全一些，搞好统筹兼顾。”[①]

2019 年 1 月 21 日，习近平总书记在省部级主要领导干部坚持底线思维着力防范化解重大风险专题研讨班开班式上强调，面对波谲云

① 《系统谋划“十三五”经济社会发展》，《人民日报（海外版）》2015 年 5 月 29 日。

诡的国际形势、复杂敏感的周边环境、艰巨繁重的改革发展稳定任务，我们必须始终保持高度警惕。开展风险评估，必须保持高度的敏感性。所谓敏感性，是指对外在环境的某些刺激，产生特别敏锐的感受的能力。风险评估中保持敏感性，要求我们精准测算风险的可能性和不利后果的严重性，对风险等级进行测定，对不同风险之间的轻重缓急进行科学排序。风险社会理论指出，在急剧变动的现代风险社会中，重大风险的重要特性之一是由可计算性转为不可计算性，由可预测性转为不可预测性。现代社会急剧变化，各种“黑天鹅”事件、“灰犀牛”事件不断出现。保持敏感性，实际上就是要求我们善于运用底线思维的方法，准确界定风险等级，防止误估、错估问题的发生。习近平总书记强调：要善于运用底线思维的方法，凡事从坏处准备，努力争取最好的结果，做到有备无患、遇事不慌，牢牢把握主动权。他还强调：要有充分准备，要有戒惧之心，要有忧患意识，有的事万一发生了会怎么样，然后对万一要有所防范。在评估风险可能性时，既要运用常态思维进行分析，也要运用非常态思维进行研究；既要评估风险事件造成的当前影响和损失，也要分析风险事件可能导致的各种次生、衍生后果；在评估风险严重性时，既要评估客观损失（人员伤亡、经济损失、环境影响等），也要评估主观影响（敏感程度、社会影响、政治影响、媒体关注度等）。

以安全生产为例。习近平总书记强调，安全生产是民生大事，一丝一毫不能放松，要以对人民极端负责的精神抓好安全生产工作，站在人民群众的角度想问题，把重大风险隐患当成事故来对待。2015 年发生的广东深圳光明新区渣土受纳场“12·20”特别重大滑坡事故，共造成 73 人死亡，4 人下落不明，17 人受伤，33 栋建筑物被损毁、掩埋，直接经济损失达 8.8 亿元。事故调查报告指出，事故发生的重要原因是在对群众举报和现场出现的安全风险进行评估时缺乏敏感度——深圳市、光明新区及其有关部门对群众举报的事故隐患问题未认真核查、整改，错失消除事故隐患、避免事故发生的机会。事故企业无视受纳场安全风险，未重视并整改事故发生前1个多月即出现的事故征兆，事发当日险情处置错误，未及时发出事故警示，未向当地政府和有关部门报告，贻误了下游工业园区和社区人员紧急疏散撤离时机。

四、风险处置

风险处置是指以风险等级为依据，根据对威胁来源、受灾体脆弱性、现有控制措施有效性及可能产生后果的分析，明确对不同的风险如何进行控制和管理，确定管理的优先级和风险处置策略，提出具体的风险处置措施和工作建议的过程。风险处置不仅要考虑风险水平和风险处置能力，而且要考虑风险处置的成本—收益问题，以最小成本获得最安全的水平。风险控制措施的确定可从降低风险发生的可能性、减小后果的严重性、加强风险承受力和控制力等方面考虑。

在2008年北京奥运期间风险评估中，针对城市公共安全主要面临的14个方面的风险，按照“边评估、边控制”的原则，从风险描述、基本判断和控制措施三个方面，提出了具体明确的管控措施。截至奥运会开幕前，北京全市共消除风险49项，降低风险93项；在2 204个风险源（点）中，消除611个，有效控制948个；对各种风险，均强化安全隐患整改和风险控制，落实了1 000余项工程、技术和特殊管理措施，确保了奥运期间全市各类风险降至最低水平。①

（一）风险处置工作原则

风险处置的目的，是依据风险等级和可控性分类，分析存在的问

① 参见闪淳昌、薛澜主编：《应急管理概论——理论与实践》，高等教育出版社2012年版。

题和薄弱环节，确定风险控制策略，提出有针对性的风险控制措施，以消除或降低风险、做好预防工作。为此，风险处置应当遵循以下原则。一是可行性原则。所提风险控制建议应在资源及条件允许范围之内。二是有效性原则。风险控制措施要能有效弥补安全漏洞，改进不足，从而降低风险发生的可能性，或降低风险可能产生不利后果的严重程度。三是针对性原则。针对不同风险（或事件）的特点和等级，提出有针对性的风险控制措施。要把风险控制工作落实到每一个风险控制点，进行具体管理。四是综合性原则。要综合考虑风险的各个方面，跳出部门局限，不仅应对本部门相关工作提出建议，还应对其他相关领域和部门提出工作建议，并加强跨地区、跨部门的风险沟通与工作交流。五是及时性原则。要在开展风险评估的过程中，边评估、边控制，及时发现问题，及时采取控制措施。六是责任明确原则。要明确监督管理责任和实施控制主体责任，确定风险控制工作的措施和完成时限，统筹协调，持续推进。七是成本效益原则。并不是所有的风险都必须或能够完全被消除的，也不是所有的风险都必须花费巨大的成本来降低，想要消除所有风险是不切实际的。要在一定资源条件约束下，寻求最有效的措施。现有等级较低的一些风险是可以被接受的，可通过加强监测、做好应急准备等方式进行控制。

（二）风险处置的策略

风险处置的手段主要包括风险保留、风险规避、风险减缓、风险转移四个方面，如图 2-2 所示。其中，风险保留是指经过慎重考虑而决定自己承担风险。这类风险一般为相对较小的风险，它可能造成的损失微不足道，受灾体能够承担这类风险发生时造成的损失。风险规避是指人们通过避免卷入某种风险状况或撤离某种风险状况，设法回避损失发生的可能性的行动，如放弃某些可能招致风险的活动和行为，或将风险源与外界隔离。在很多情况下，规避风险虽能限制风险的范围，却不可能杜绝一切风险。风险减缓是指通过对风险的分析，采取预防措施，以防止损失的发生，其目的在于努力降低发生概率和/或可能造成损失的可能性。风险转移是指通过法律、协议、保险或其他途径向他人转移责任或损失的负担，是一种与他人共同分担特定风险的方法，参加保险是其中比较常见的办法。

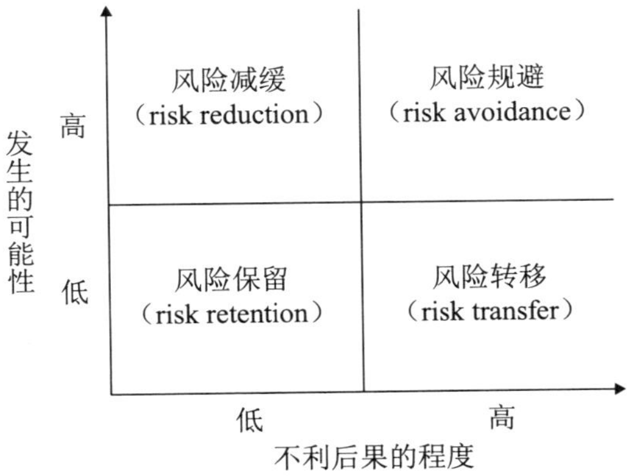

图 2－2　基于“可能性—后果”的风险处置策略

在现实生活中，要根据风险的不同特性并结合行为主体所处的环境和条件来选择具体的风险处置策略：对概率较低、不利后果轻微的风险，宜采用自留的方式；对概率高、不利后果严重的风险，宜采用规避的方式；对概率较高、不利后果轻微的风险，宜采用减缓的方式；对概率较低但不利后果非常严重的风险，宜采用转嫁的方式。

对风险与风险控制点的控制措施，主要包括但不限于以下三类：一是工程技术措施，包括消除、降低或隔离风险与风险控制点的各种硬件设施改造、技术手段与工程措施等。二是管理措施。包括为降低或控制风险制定与完善相关的管理制度、政策，选择放弃某些可能招致风险的活动和行为从而规避风险的决策，等等。三是应急准备，针对不可控风险（确实难以消除、难以控制或防不胜防的风险）而采取的特殊的风险控制措施，包括对应急预案、演练、队伍、物资、资金、技术等各个方面的准备工作。

原则上，在实施风险控制措施前，应组织相关部门和专家对风险控制措施的有效性（是否能使风险降到可接受程度）、合理性、充分性和可操作性，以及是否会引发新的风险等进行评审。

（三）风险处置的要点

风险处置需要相关部门、相关地方齐心协力，团结协作，形成强大的合力，确保风险处置工作及时、有效进行。我国民间谚语说道："一个和尚挑水喝，两个和尚抬水喝，三个和尚没水喝。"在风险处置过程中，要避免管理交叉、责任模糊导致相关部门、相关地方之间相互推诿，最终导致事态升级恶化的现象发生。

德国社会学家贝克（Ulrich Beck）观察到，在风险管理实践中，往往存在"有组织的不负责任"（organized irresponsibility）的现象——由公司、政策制定者和专家形成的联盟，制造了当代生活中的种种危险。然后它们又建立起一套话语来推卸这个责任，也就是制造危险的责任。这样一来，它们就把自己制造的危险转化成某种所谓的"风险"。习近平总书记强调："对可能发生的各种风险，各级党委和政府要增强责任感和自觉性，把自己职责范围内的风险防控好，不能把防风险的责任都推给上面，也不能把防风险的责任都留给后面，更不能在工作中不负责任地制造风险。"① 他还强调，当干部不要当的那么潇洒，要经常临事而惧，这是一种负责任的态度。要经常有睡不着、半夜惊醒的情况。

如何强化各方的责任担当，让大家主动担责而不是消极避责，是一个需要高度重视的问题。"随着当前政治经济环境的变化，全球性的

① 习近平：《在党的十八届五中全会第二次全体会议上的讲话（节选）（2015 年 10 月 29 日）》，《求是》2016 年第 1 期。

避责时代已经来临，避责逐渐取代邀功成为政府官员行为的主要特征。”① 研究发现，基层政府权责分立的现实结构安排不仅无法有效抵御和化解外部系统性风险，还会成为内部非系统性风险产生的根源，导致基层官员在面对不确定性、不平等性和扩散性风险陡增时，采取组合策略规避直接责任和潜在责任。基层政府官员常用的避责策略，包括忙而不动、纳入常规、隐匿信息、模糊因果关系、转移视线、找替罪羊等。基层避责现象的滋生蔓延，给公共治理造成了系统性冲击。“实践证明，避责行为导致了基层政府创新缺失、权威流失、被动回应等严重后果，并引发链式反应，阻碍了政治、经济和社会的良性发展。”②

2015 年发生的天津港“8·12”瑞海公司危险品仓库特别重大火灾爆炸事故，造成 165 人遇难，8 人失踪，798 人受伤住院治疗，304 幢建筑物、12 428 辆商品汽车、7 533 个集装箱受损。在安全监管和应急处置过程中，中央部门与地方党委政府之间、政府与企业之间、部门与部门之间职责不清、信息割裂是一个突出的问题。调查报告写道：天津港已移交天津市管理，但是天津港公安局及消防支队仍以交通运输部公安局管理为主。同时，天津市交通运输委员会、天津市建设管理委员会、滨海新区规划和国土资源管理局违法将多项行政职能委托天津港集团公司行使，客观上造成交通运输部、天津市政府以及天津港集团公司对港区管理职责交叉、责任不明，天津港集团公司政企不分，安全监管工作同企业经营形成内在关系，难以发挥应有的监管作用。另外，港口海关监管区（运抵区）安全监管职责不明，致使瑞海公司违法违规行为长期得不到有效纠正。

调查报告还写道：危险化学品生产、储存、使用、经营、运输和

① 倪星、王锐：《从邀功到避责：基层政府官员行为变化研究》，《政治学研究》2017 年第 2 期。

② 倪星、王锐：《权责分立与基层避责：一种理论解释》，《中国社会科学》2018 年第 5 期。

进出口等环节涉及部门多，地区之间、部门之间的相关行政审批、资质管理、行政处罚等未形成完整的监管“链条”。同时，全国缺乏统一的危险化学品信息管理平台，部门之间没有做到互联互通，信息不能共享，不能实时掌握危险化学品的去向和情况，难以实现对危险化学品全时段、全流程、全覆盖的安全监管。

五、风险监测与更新

风险管理是一个动态持续的过程，我们要对评估结果及时进行跟踪、监测并动态更新。风险监测与动态更新的实质是跟踪、监控、审查和调整，以及再监测、再跟踪、再调整、再评估、再控制的动态循环过程。

在首轮风险评估的基础上，北京市分别于 2008 年 6 月和 7 月组织开展了两轮风险动态更新，还建立了风险管理信息化系统，作为奥运期间城市运行监测指挥系统的组成部分，实现跨部门、跨区域、跨灾种的风险信息共享。同时，在圆满完成了 2008 年北京奥运会、残奥会期间城市公共安全风险评估控制工作和新中国成立 60 周年庆祝活动风险评估控制工作的基础上，北京市进一步推进风险监测与更新工作。2010 年 4 月 9 日，北京市人民政府发布了《关于加强公共安全风险管理工作的意见》（京政发〔2010〕10 号），以求建立健全城市公共安全风险管理长效机制。

（一）监测与更新的内容

监测与更新，包括风险监测与风险动态更新两部分。

风险监测应在风险评估结果的基础上，根据实际情况的变化和风险控制的成效、存在的问题，密切监测相关风险的动态变化。各单位应建立信息沟通与共享机制。要在进一步强化风险专项监测的基础上，坚持依靠群众，充分动员全社会，依托紧急、非紧急报警服务平台和城市运行监测平台，建立风险的社会监测网络，及时发现、防范和控制风险。

在风险监测的基础上，要重新查找风险，评估并确定风险等级，调整风险控制策略，实现风险管理的动态更新。风险动态更新周期原则上为每季度更新一次，各单位可结合风险事件固有属性和国内外经济社会环境做适当调整，实现风险管理闭环运行。

风险动态更新中应比较原风险评估结果和更新结果，按照风险的可控性，分析风险控制工作的成效；要重点评估新增风险（风险控制点）、等级升高的风险（风险控制点）和综合叠加风险，并填写风险动态更新表和风险控制点动态更新表；同时，对下一步风险控制工作提出新的建议并制订控制方案。

（二）监测与更新的要点

做好风险监测与更新，需要我们增强察觉力，“见微知著”，及时发现风险态势的变化，进而做出相应的调整和变化。

察觉力指通过敏锐观察，发现现象背后的线索或真相的能力；它体现了对事态发展的预见能力，即科学感知形势变化，防微杜渐。毛泽东指出：“坐在指挥台上，如果什么也看不见，就不能叫领导。坐在指挥台上，只看见地平线上已经出现的大量的普遍的东西，那是平平常常的，也不能算领导。只有当还没有出现大量的明显的东西的时候，当桅杆顶刚刚露出的时候，就能看出这是要发展成为大量的普遍的东西，并能掌握住它，这才叫领导。”① 习近平总书记强调：“要加强对各种风险源的调查研判，提高动态监测、实时预警能力，推进风险防控工作科学化、精细化……力争把风险化解在源头，不让小风险演化

① 中共中央文献研究室编：《毛泽东文集》第3卷，人民出版社1996年版，第394—395页。

为大风险，不让个别风险演化为综合风险，不让局部风险演化为区域性或系统性风险，不让经济风险演化为社会政治风险，不让国际风险演化为国内风险。”①

“星星之火，可以燎原。”重大风险往往会经历一个孕育生成、发展演变、升级失控的过程，构成重大风险的发展曲线和演化轨迹。很多重大风险事件的发生，都是量的积累的结果。海因里希法则（Heinrich’s law）认为，每起严重事故的背后，必然有 29 次轻微事故、300 起未遂先兆及 1 000 起事故隐患。“聪者听于无声，明者见于未形。”在风险动态发展的过程中，必须实时监测风险的态势，有针对性地采取防控措施，做到抓早、抓小、抓苗头，斩断“风险—隐患—事件—灾难”的发展链条。

从实际情况来看，在事态动态发展过程中，对风险态势感知察觉不力，不能及时做出调整更新，进而无法采取有效的处理措施，是导致风险升级恶化的重要原因。例如，2008 年发生的贵州“瓮安事件”，经历了“7 年—7 天—7 小时”的发展过程：从 2001 年至 2008 年，7 年为事件的“酝酿期”，当地经济发展很快，但社会矛盾和问题在不断积累；从 6 月 22 日凌晨女生溺水身亡停尸河边到 6 月 28 日 7 天为事件的“发酵期”，当地党委、政府和公安机关思想麻痹，工作不力，矛盾不断激化；从 6 月 28 日 16 时至 23 时 7 个小时为事件的“黄金处置期”，州县领导班子在拖延等待中失去处置先机，最终导致事态失控。②

“12 • 31”拥挤踩踏事件经历了“3 年—3 小时”的发展过程：自 2011 年起，在外滩风景区举办的新年倒计时灯光秀活动已经连续进行了 3 年，每年现场人数都在 30 万人次左右；事发当晚 20 时 30 分至 21

---

① 习近平：《在党的十八届五中全会第二次全体会议上的讲话（节选）（2015 年 10 月 29 日）》，《求是》2016 年第 1 期。

② 参见崔亚东：《群体性事件应急管理与社会治理——瓮安之乱到瓮安之治》，中共中央党校出版社 2013 年版。

时——拥挤踩踏事件发生（23 时 30 分许至 24 时）前 3 个小时，外滩已经出现第一次人员流量高峰，但黄浦公安分局对各时段人员流量快速递增的变动情况未及时采取有效措施。

六、风险沟通

风险沟通是指不同利益相关者之间（如科技专家与普通大众之间、政府官员与社区或社会团体之间）有关风险因素信息的沟通，这是所有风险信息来源和流向的动态过程。各单位要建立面向社会、多方参与的风险沟通机制，寻求社会各方对政府风险管理工作的理解和支持，并积极引导风险涉及的相关单位和人员提前做好风险防范准备。

（一）风险沟通的内容

风险沟通是政府部门、专家、媒体、社会组织和公众间交换或共享风险信息的互动过程。由于风险具有主观性，涉及风险引致者（产生者）、风险承受者、风险处置者等多个利益相关方，不同利益主体对风险的感知是不同的，任何一方的行动都会对风险选择和处置结果产生影响，因此不同利益相关主体相互之间的信息沟通至关重要。

风险沟通的方式包括部门内部沟通、部门间沟通、媒体沟通和公众沟通。部门内部和部门间的沟通方式包括召开会议、编制简报、电话、通知等。媒体和公众沟通方式包括现场新闻发布会、新闻通气会、发布新闻稿，通过政府网站发布各种风险信息、宣传材料，开通电话咨询热线，发送手机短信等。

在风险管理工作过程中，对需要发布的风险预警信息、采取相应预警措施的风险，应及时启动风险预警机制。

（二）风险沟通的要点

做好风险沟通，要切实增强引导力，通过充分的风险交流，纠正公众的风险感知偏差。引导力是指根据意图对风险的性质、发展趋势和方向进行引导的能力，主要由传播力、影响力、说服力和凝聚力四要素构成。引导力要求建立政府与公众的良性双向风险交流机制，通过充分的信息交流，让公众准确理解风险、主动防控风险，做到群防群控，避免面对重大风险时出现“无知者无畏”的情形。

研究发现，公众感知的风险水平与实际的风险水平之间往往存在一定的偏差，人们对不同特点的风险的感知情况差异很大。例如，人们会高估未知的风险、低估熟悉的风险，高估不可控的风险、低估可控的风险。“风险认知是指对于客观风险的主观态度和知觉，具有强烈的主观性特征。”“信任与风险又有着天然的密切联系，公众对政府或专家的信任又反过来影响公众的风险认知，进而影响到风险承担行为。”[①] 风险社会放大框架（SARF）认为，信息系统和公众反应系统决定了风险的性质及其重要程度——风险事件与心理的、社会的、制度的和文化的过程之间的相互作用，会增强或减弱公众的风险感知度和相关的风险行为模式以及继而产生的次级的社会或经济后果，也有可能增加或减少物理风险本身。英国人类学家道格拉斯（Mary Douglas）和威尔德韦斯（Aaron Wildavsky）强调：在当代社会，风险实际上并没有增多，也没有加剧，相反仅仅是被察觉、被意识的风险增多和加剧了。

在当前全媒体时代，人们获取信息的手段更加多元、开放，谣言更容易被扩散、传播，因此，做好风险沟通具有特殊而重要的意义。习近平总书记强调：“全媒体不断发展，出现了全程媒体、全息媒体、全员媒体、全效媒体，信息无处不在、无所不及、无人不用，导致舆论生态、媒体格局、传播方式发生深刻变化，新闻舆论工作面临新的

① 李小敏、胡象明：《邻避现象原因新析：风险认知与公众信任的视角》，《中国行政管理》2015年第3期。

挑战。”[①] 在一个“人人都是传播者，个个都是麦克风”的全媒体时代，及时进行风险沟通，增强风险信息的传播力、引导力、影响力、公信力，对减少谣言扩散、塑造公众行为至关重要。

2014 年“12·31”外滩陈毅广场拥挤踩踏事件发生的一个重要原因，是新年倒计时活动变更信息宣传严重不到位——2014 年 12 月 9 日黄浦区政府已做出决定，2015 年新年倒计时活动由往年在外滩风景区举办改至外滩源（邻近外滩风景区，与陈毅广场步行距离约 550 米）举行。新年倒计时活动变更后，主办单位应当提前向社会充分告知活动信息。但是，直至 12 月 30 日，黄浦区旅游局才对外正式发布了新年倒计时活动信息，对“外滩”与“外滩源”的区别没有特别提醒和广泛宣传，信息公告不及时、不到位、不充分。[②]

---

① 《加快推动媒体融合发展 构建全媒体传播格局》，《求是》2019 年第 6 期。

② 参见钟开斌主编：《公共场所人群聚集安全管理——外滩拥挤踩踏事件案例研究》，社会科学文献出版社 2016 年版。

第三章　防范化解前沿生物技术风险

当前，以基因编辑、基因驱动、基因合成技术为代表的前沿生物技术正处于日新月异的飞速发展中。这些技术是名副其实的“双刃剑”，一方面，它们存在巨大的应用价值，有可能在医疗、农业等诸多领域为人类发展带来福祉；另一方面，它们也可能对生物安全构成重大的威胁。以前沿生物技术为代表的科技应用，是科技领域面临最重要的重大风险。因此，有必要对上述前沿生物技术引发的安全威胁情况进行梳理，针对技术发展的特点和已有应对措施的不足指出下一步需要重点考虑应对难点和挑战，并在此基础上提出针对我国国情的具体政策建议。

一、前沿生物技术引发的生物安全威胁

（一）生物技术安全及其面临的威胁来源

所谓“生物技术安全”，指的是国家核心利益和安全不受通过科学和工程原理对生物进行认识、利用和改造的危害，以及保障持续安全状态的能力。作为生物安全和科技安全的重要组成部分，生物技术安全是国家总体安全的重要组成部分。

生物技术安全面临的威胁来源，大致可被划分为两类。第一类是

由于客观因素导致的非故意技术谬用。其一是因技术缺陷导致的不良后果，尤其是指因技术安全性、有效性未经严格验证就应用于人类临床引发的危险。其二是生物实验室安全事故对社会安全、人民健康造成的严重后果，包括在实验室试验、中间试验、环境释放和生产性试验等各环节有意将 DIY 生物、各类遗传修饰生物体向环境释放造成的生物安全事故。第二类是由主观故意的技术滥用而引致的生物安全威胁，其目的就是要造成对人类社会的危害，后果往往是引起生物恐怖主义活动或是生物战争。

（二）对生物安全可能构成威胁的前沿生物技术类型

当前，以基因编辑技术、基因驱动技术、基因合成技术为代表的前沿生物技术正处于飞速发展、日新月异的变革中。这些前沿生物技术是名副其实的双刃剑，一方面存在巨大的应用价值，有可能在医疗、农业等诸多领域为人类发展带来福祉；另一方面也可能对生物安全构成重大威胁，对人类的生存和发展产生严重的负面影响。

1. 基因编辑技术

得益于 CRISPR 新型基因编辑技术的出现，基因编辑技术近年来在全球范围内发展迅猛，目前已成功实现了对特定基因片段的精确剪切，在疾病治疗、遗传育种、生物工程等方面具有广阔的应用前景。基因编辑技术的应用主要包括以下四个方面。一是基因功能研究，即通过基因敲除或者敲入，实现物种的单个或多个靶基因的敲除。二是基因治疗，即通过基因编辑在基因水平上实现错误 DNA 序列的矫正，彻底治愈遗传疾病。三是基因调控，即利用 CRISPR 干涉技术，在不改变 DNA 序列的情况下可逆抑制目的基因的表达。四是生物防御，即针对入侵物种及其传播媒介物种进行基因编辑，抵抗大规模突发的物种入侵威胁。

但同时，基因编辑面临着非常显著的技术风险与安全威胁。一是由于目前尚无法完全保证基因编辑技术的安全性和有效性，它可通过靶向编辑目标DNA位点，产生突变，即发生脱靶效应。二是由于技术门槛低、廉价、易操作等特点，导致走私、携带病原微生物菌毒种和生物两用设备的隐蔽性更强。三是由于最新型基因编辑技术可在短时间内完成对病原体、动植物甚至人类生物性状重大改变，且不留任何操作痕迹，导致甄别生物体是否发生基因组编辑的难度加大。四是基因编辑技术在军事领域的创新应用愈加广泛，被美国军方融入包括神经科学类新概念生物武器、“超级战士”在内的新兴武器装备开发。①

2. 基因驱动技术

基因驱动技术是一种通过刺激特定基因的有偏向遗传，改变某些物种生殖能力，从而导致种群规模发生重大变化。基因驱动技术的潜在应用领域广泛，例如通过改变昆虫、鼠类等啮齿动物群体的基因切断相关传染病的传播源；又如在农业中防控农作物害虫，弱化其对杀虫剂等农药的抵抗力。

但是，基因驱动的技术风险不可小觑。理论上，基因驱动技术可被用以降低人类生殖能力、改变人类特定种群数量。同时，基因驱动技术还可能被用来制造昆虫武器，进行登革热、寨卡等疾病的跨国传播。近年来，美国、欧洲等发达国家的生物科学家多次呼吁应采取适当的生物安全防范措施，最大限度地降低基因驱动技术对环境、动植物和人类健康的不确定风险。

3. 基因合成技术

以基因合成技术为代表的合成生物学，是指系统地采用工程手段，有目的地设计人工生命体系，即“自下而上”地构建“最小基因组”或“自下而上”地合成“人工基因组”。基因合成技术在医学应用领域

① 参见王小理：《展望2050年国防生物科技创新前景》，《光明日报》2019年2月23日。

前景广泛，通过改造人体自身细胞或改造细菌、病毒等人工生命体，使得这些经人工设计的生命体能够感知疾病特异信号或人工信号、特异性靶向异常细胞和病灶区域、表达报告分子或释放治疗药物，从而实现对人体生理状态的监测及对典型疾病的诊断与治疗。人工生命体因其智能性、复杂性、安全可控性等优点，将提升人们对肿瘤、代谢疾病、耐药菌感染等顽疾的诊断、治疗和预防水平。

然而，基因合成技术的风险和对生物安全的威胁很大。例如，利用基因组编辑技术和 DNA 片段组装技术可以在病毒序列原有的基础上增加增强病毒侵染宿主范围的转作元件，或者加上各种抗生素抗性基因，组建成致死率高、传染能力强、侵染宿主范围更广的新型病毒。又如，可以通过基因合成技术对脊髓灰质炎病毒、天花病毒基因序列等进行人工设计，合成高致病性细菌和病毒。目前，通过基因合成技术已实现对 1918 年流感病毒、马痘病毒、ϕX174 噬菌体等“已灭绝”致病性病毒的“复活”，存在引发生物恐怖活动或生物战争的风险。此外，人工改造生命体通常具有普通生物体所不具有的生存优势，一旦发生逃逸，有可能因没有限制而无限增殖，破坏原有的自然生态平衡，导致生物多样性发生无法挽回的损失。

总之，尽管上述前沿生物技术的应用前景极其广阔，但可能引发的诸多安全风险也在日益加剧。如果任其无约束地发展，既有可能造福人类，也很有可能摧毁人类的生存与社会秩序。

二、我国针对前沿生物技术的监管现状

（一）监管原则

作为后起的发展中国家，特别是在生命科学研究领域仍处于“跟跑”“并跑”阶段的我国来说，针对生物技术安全防控采取的是基于发展的逻辑，兼顾了“亲行原则”与“预防原则”，形成了具有中国特色

的生物技术安全监管道路。一方面，包括 2003 年 SARS 疫情、2020 年新冠肺炎疫情所造成的社会阴影与恐惧将长时间笼罩中国政府和社会公众。尤其是当前围绕生物技术对健康、环境的风险评估和科学家内部讨论，只能建立在一种对未知可能发生风险的推测之上。可以预计，在对风险的认知尚未达到可有效降低其不确定性的要求之前，“预防原则”在中国应对生物技术安全监管中的适用是极为必要的。另一方面，中国整体国力的提升和生命科学领域研究的日益发展，进一步加大了公众对解决健康、疾病、延长寿命等方面的需求和期待，对中国生命科学领域的加速发展提出了更高要求的同时，也加大了我们对前沿生物技术的创新与进步给社会带来利益的最大化的期望。2019 年 7 月 10 日，全国人大常委会首次就生物安全立法召开座谈会，提出了“统筹发展和安全”“增强忧患意识，做到居安思危”的总体要求，并突出了“风险防范”的具体目标。可以看出，中国未来生物技术安全监管的主导原则将立足于兼顾“预防原则”与“亲行原则”，对前沿生物技术采取引导和规范，在防治和减少可能出现的危害和损失的同时，尽可能地促进生物技术的快速发展。这无疑也是我国作为发展中国家，作为后发国家，在生物技术安全监管方向上的理性选择。

（二）监管体系

首先，就监管部门而言，中国于 2003 年 SARS 疫情暴发之后，形成了初步的防御指挥体系、突发公共卫生事件组织协调系统和高等级实验室评定体系，并由中央财政拨出专款用于疾病预防、监测、预警机制的建设。具体而言，在实验室生物安全领域，监管机构主要由中华人民共和国科学技术部（下文简称“科技部”）、原卫生部（现中华人民共和国卫生健康委员会，下文简称“卫健委”）、原农业部（现中华人民共和国农业农村部，下文简称“农业农村部”）、国家食品药品监督管理总局和原国家环境保护总局（现中华人民共和国生态环境部，下文简称“生态环境部”）负责；在菌种毒种保藏管理领域，主要负责机构是科技部、原卫生部（现卫健委）和原农业部（现农业农村部）；生物操作技术管理领域的主要负责机构是科技部和原卫生部（现卫健委）。需要承认的是，我国在生物技术安全监管的组织架构方面还存在一些问题，例如多头管理、职责重叠、执行效力低等，缺少针对生物科学研究进行风险评估、事故报告、科研诚信记录的监管部门；也缺乏针对科研立项审批、研究实施、成果传播、科技普及、国际交流等覆盖科学研究周期全过程的生物科研监管部门。

其次，就监管模式而言，中国生物技术安全监管兼顾了面向“技术”和“产品”两种模式。从基于“技术”监管的模式看，2017 年、2018 年科技部先后出台《生物技术研究开发安全管理办法》和《生物技术研究开发安全管理条例（征求意见稿）》，适用范围明确指向生物技术研究开发活动，突出了生物技术发展与安全管控的关系，强化了生物技术研究开发活动安全监管的措施；1993 年《基因工程安全管理办法》适用于包括实验研究、中间实验、工业化生产、遗传工程释放等一切基因工程工作；2001 年《农业转基因生物安全管理条例》对从事农业转基因生物的研究、试验、生产、加工、经营和进出口活动进行了规范。从基于“产品”监管的模式看，1986 年《中国微生物菌种保藏管理条例》、2008 年《动物病原微生物菌（毒）保藏管理条例》、2009 年《人间传染的病原微生物菌（毒）种保藏机构管理办法》、2019 年《人类遗传资源管理条例》等都涉及对生物技术相关产品的安全监管。①

此外，针对前沿生物技术的最重要监管环节，中国采取的具体措施主要包括：一是对危险病原体的监管。按照 2018 年最新修订的《病原微生物实验室生物安全管理条例》，根据病原体的传染性、感染后对

① 参见中国生物技术发展中心：《中华人民共和国生物安全相关法律法规规章汇编》，科学技术文献出版社 2019 年版。

个体或者群体的危害程度，将病原微生物划分为四类，其中第一类、第二类病原体统称为高致病性病原微生物。同时，根据实验室对病原体的安全防护水平，将实验室安全标准也分为四个等级（BSL1－4），并对每一级别进行国家标准的确定。动物实验室被确定为（ABSL1－4），与美国的类似。横向进行对比，中国实验室生物安全标准 BSL－3 介乎于美国和欧洲 BSL－3 与 BSL－4 之间。二是对材料进行控制。聚焦涉及高风险等级的重点生物剂或毒素，对列入重点明目的生物物项，实行出口经营登记、许可证管理、最终用户和最终用途证明、清单管制、违规处罚等多层面、多部门的出口管制制度和措施，形成“审查—批准—实施—核实”完整的管制链。三是对活动的控制。对增强生物剂或毒素的毒性、改变宿主范围等具有危险倾向的生物两用性试验活动进行监控，特别是第一、二类病原微生物的相关实验研究及生物安全三级以上实验室和疫苗、生物药物等生产单位，要求研究者必须向相关部门和生物安全委员会提交相关试验内容、实验实施、应急处置预案等文件，经审查批准后，才能开始其研究活动。[①] 四是对人员的控制。重点强化对受限人群拥有、转运或接受任何高风险生物制剂的活动，并配合规章制度、道德约束等手段进行教育和监控，规范科学家和科研工作者的科研行为。

（三）立法保障

我国目前与生物技术安全的法律法规主要涉及实验室生物安全、病原微生物监管、基因工程和转基因、人类遗传资源与生物资源保护、伦理管理、两用物项和技术管控六个领域。

一是实验室生物安全领域。SARS 疫情发生后，中国政府相继公布了《突发公共卫生事件应急条例》和《病原微生物实验室生物安全管理

---

① 参见薛杨、王景林：《〈禁止生物武器公约〉形势分析及中国未来履约对策研究》，《军事医学》2017 年第 41 期。

条例》，明确提出严防传染病病原体的实验室感染、病原微生物的扩散和菌（毒）种保藏的要求。在上述两项条例的指导下，有关部门出台了《传染性非典型肺炎病毒研究实验室暂行管理办法》（2003）、《传染性非典型肺炎病毒的毒种保存、使用和感染动物模型的暂行管理办法》（2003）、《人间传染的高致病性病原微生物实验室和实验活动生物安全审批管理办法》（2006）、《兽医实验室生物安全管理规范》（2003）、《高致病性动物病原微生物生物实验室安全管理审批办法》（2005）。在生物实验室医疗废物管理方面，制定了《医疗废物管理条例》及其配套法规，包括《医疗卫生机构医疗废物管理办法》《医疗废物管理行政处罚办法》《医疗废物分类明目》《医疗废物专用包装物、容器标准和警示标示规定》《医疗废物集中处置技术规范》，对医疗废物收集、处理、运输、储存、包装、安全管理等方面进行了详细规定。为指导生物安全实验室的建设与管理，制定了《实验室生物安全通用要求》（GB 19489—2004）、《生物安全实验室建筑技术规范》，以及 2018 年最新修订的《高等级病原微生物实验室建设审查办法》。此外，随着近年来生物技术的迅猛发展，在科技部和卫健委的主导下相继出台了包括《生物技术研究开发安全管理办法》（2017）、《干细胞临床研究管理办法（试行）》（2015）、《生物技术研究开发安全管理条例（征求意见稿）》（2019）、《生物医学新技术临床应用管理条例（征求意见稿）》（2019）等一系列相关配套法规。

二是病原微生物监管领域，具体法规包括卫生部颁布的《中国医学微生物菌种保藏管理办法》（1985）、《可感染人类的高致病性病原微生物菌（毒）种或样本运输管理规定》（2005）、《人间传染的病原微生物名录》（2006）、《可感染人类的高致病性病原微生物菌（毒）种或样本运输管理规定》（2006）和《人间传染的病原微生物菌（毒）种保藏机构管理办法》（2009）；科技部颁布的《中国微生物菌种保藏管理条例》（1986）；农业部颁布的《动物病原微生物分类名录》（2005）、《高致病性动物病原微生物菌（毒）种或者样本运输包装规范》（2005），以及环保部、国家质检总局联合发布的《进出口环保用微生物菌剂环境安全管理办法》（2010）。

三是基因工程和转基因领域，具体法规包括国家科委于1993年发布的《基因工程安全管理办法》，是我国针对生物技术安全管理的第一个部门规章。农业部于2017年修订了《农业转基因生物安全管理条例》（2002）、《农业转基因生物安全管理办法》（2002）、《农业转基因生物安全评价管理办法》（2002）、《农业转基因生物加工审批办法》（2002），以及《农业转基因生物标示管理办法》（2006）。此外，国家林业局于2018年出台了《开展林木转基因工程活动审批管理办法》。

四是人类遗传资源与生物资源保护领域，具体法规包括2019年最新实施的《中华人民共和国人类遗传资源管理条例》，以及2008年出台的《中华人民共和国畜禽遗传资源进出境和对外合作研究利用审批办法》。

五是伦理管理领域，重点包括卫计委于2016年出台的《涉及人的生物医学研究伦理审查办法》、科技部和卫生部联合颁布的《人胚胎干细胞研究伦理指导原则》（2003）。

六是两用物项和技术管控领域，包括2002年12月1日起实施的《中华人民共和国生物两用品及相关设备和技术出口管制条例》、商务部2002年出台的《两用物项和技术出口通用许可管理办法》，以及由商务部和海关总署联合颁布的《两用物项和技术进出口许可证管理办法》（2006）。

值得注意的是，根据2016年1月22日《科学》（*Science*）杂志对世界16个国家专门涉及人类基因编辑的生物安全政策法规数量进行统计，中国仅次于德国排名第二，高于美国的6条和英国的4条。但问题在于，一是包括《基因工程安全管理办法》（1993）、《生物两用品及相关设备和技术出口管制条例》（2002）、《病原微生物实验室生物安全管理条例》（2004）等一系列相关立法滞后性明显。二是生物安全立法的层级普遍较低，主要以国务院主管部门的部门行政规章为主，包括办法、原则、指南、文件等，从法律规范上尚未把分散在若干行政法规中的规定，整合成为部门法，不利于生物安全监管的各参与方将法律落到实处。三是缺少《中华人民共和国国家生物安全法》的上位法统领，难以发挥制度顶层设计权威性。

三、典型事例："基因编辑婴儿事件"

2018年11月26日，南方科技大学副教授贺建奎宣布一对名为"露露"和"娜娜"的基因编辑婴儿于11月在中国健康诞生，由于这对双胞胎的一个基因（CCR5）经过修改，她们出生后即能天然抵抗艾滋病病毒。这一消息迅速激起轩然大波，在国内外引起震动。

（一）事件经过

2016年6月开始，南方科技大学副教授贺建奎私自组织包括境外人员参加的项目团队，蓄意逃避监管，使用安全性、有效性不确切的技术，实施国家明令禁止的以生殖为目的的人类胚胎基因编辑活动。

2017年3月至2018年11月，贺建奎通过他人伪造伦理审查书，招募8对夫妇志愿者（艾滋病病毒抗体男方阳性、女方阴性）参与实验。为规避艾滋病病毒携带者不得实施辅助生殖的相关规定，他策划他人顶替志愿者验血，指使个别从业人员违规在人类胚胎上进行基因编辑并植入母体，最终有2名志愿者怀孕，其中1名已生下双胞胎女婴"露露""娜娜"，另1名在怀孕中。其余6对志愿者中有1对中途退出实验，另外5对均未受孕。该行为严重违背伦理道德和科研诚信，严重违反国家有关规定，在国内外造成恶劣影响。

2018年11月25日、26日两天，贺建奎以南方科技大学副教授身份分别在国内视频平台优酷和海外视频平台优兔（YouTube）上各上传了5段详细讲述该试验的解说视频。2018年11月26日，在第二届国际人类基因组编辑峰会召开前一天，贺建奎团队对外宣布，一对名为“露露”和“娜娜”的基因编辑婴儿于11月在中国健康诞生。这对双胞胎的一个基因经过修改，使她们出生后即能天然抵抗艾滋病。这是世界首例免疫艾滋病的基因编辑婴儿。

（二）各方反应

在11月26日贺建奎团队对外宣布一对基因编辑婴儿诞生的消息后，广东省卫健委、国家卫健委、科技部等纷纷表态将展开调查。

当日，南方科技大学在官网发布声明称：看到贺建奎对人体胚胎进行了基因编辑研究，该校深表震惊。南方科技大学还称，贺建奎副教授已于2018年2月1日停薪留职，离职期为2018年2月至2021年1月。南方科技大学在声明中表示，此项研究工作为贺建奎副教授在校外开展，未向学校和所在生物系报告，学校和生物系对此不知情。南方科技大学生物系学术委员会认为其严重违背了学术伦理和学术规范。

当晚，广东省卫健委通过官方微博发布消息，广东省卫健委高度关注“基因编辑婴儿”一事，已组织力量展开调查，并将及时向社会公布调查结果。广东省卫健委说，26日下午，深圳市医学伦理专家委员会表示已启动对该事件涉及伦理问题的调查，对媒体报道的该研究项目的伦理审查书真实性进行核实，将及时向公众公布有关调查结果。

当晚，深圳市科技创新委员会紧急回应称，经核查，深圳市科技创新委员会从未立项资助“CCR5基因编辑”“HIV免疫基因CCR5胚胎基因编辑安全性和有效性评估”等自由探索项目，亦未资助南方科技大学贺建奎、覃金洲及深圳和美妇儿科医院在该领域的科技计划项目。该研究的临床注册信息上登载“经费或物资来源为深圳市科技创新自由探索项目”不属实。

当晚，中国和世界多个国家的科学家陆续发声，对贺建奎所做的实验进行谴责或表达保留意见。他们的理由大体可以总结为：第一，艾滋病的防范已有多种成熟办法，而这次基因修改使两个孩子面临巨大的不确定性。第二，这次实验使人类面临风险，因为被修改的基因将通过两个孩子最终融入人类的基因池。第三，这次实验粗暴地突破了科学应有的伦理程序，在程序上令人无法接受。

11 月 27 日，科技部副部长徐南平表示，2003 年颁布的《人胚胎干细胞研究伦理指导原则》规定，可以以研究为目的，对人体胚胎实施基因编辑和修饰，但体外培养期限自受精或者核移植开始不得超过 14 天。而本次“基因编辑婴儿”如果确认已出生，属于被明令禁止的，将按照中国有关法律和条例对此进行处理。

当日，中国科协生命科学学会联合体发表声明，坚决反对有违科学精神和伦理道德的所谓科学研究与生物技术应用。该声明称，基因编辑婴儿事件违反伦理道德和有关规定，已严重扰乱科研秩序，对中国生命科学领域国际声誉造成严重损害。声明指出，基因编辑技术作为一项革命性技术正在推动着生命科学研究发展，但其应用安全性有待进一步全面评价，如何审慎使用该新兴技术关系到人类健康和长远福祉。中国政府分别于 2003 年和 2015 年出台了《人胚胎干细胞研究伦理指导原则》《干细胞临床研究管理办法（试行）》，为基因编辑技术等的应用明确了基本准则，为开展相关生物技术研究与应用提供了根本指导方针，这是中国科技界的共识。声明重申，中国科技界将一如既往地坚持科学技术造福人类、服务社会的宗旨去开展科学研究活动，严格遵守科学道德和学术伦理规范及相关国际规则，以创新性科研工作推动社会发展和人类进步。

11 月 28 日 12 时 50 分，贺建奎现身香港大学李兆基会议中心。在讲台上站定后，他对自己的研究向公众致歉，并在现场披露“露露、娜娜已经健康出生”“结果符合预期”。当日，国家卫健委、科技部发布了关于“免疫艾滋病基因编辑婴儿”有关信息的回应：对违法违规行为坚决予以查处。

11月29日，国家卫健委、科技部、中国科学技术协会三部门负责人接受新华社记者采访表示：此次事件性质极其恶劣，已要求有关单位暂停相关人员的科研活动，对违法违规行为坚决予以查处。中国科协取消贺建奎第十五届“中国青年科技奖”参评资格。

2019年1月21日，科技部官网回应指出，“已全面暂停相关人员的科技活动，并将依据调查事实和事件定性，支持配合相关部门对涉事人员及机构依法依规进行严肃处理”，并表示下一步将与有关部门一起，共同推动完善相关法律法规，健全包括生命科学在内的科研伦理审查制度。

2019年12月30日，“基因编辑婴儿”案在深圳市南山区人民法院一审公开宣判。法院认为，3名被告人未取得医生执业资格，追名逐利，故意违反国家有关科研和医疗管理规定，逾越科研和医学伦理道德底线，贸然将基因编辑技术应用于人类辅助生殖医疗，扰乱医疗管理秩序，情节严重，其行为已构成非法行医罪。根据3名被告人的犯罪事实、性质、情节和对社会的危害程度，依法判处被告人贺建奎有期徒刑3年，并处罚金300万元；判处张仁礼有期徒刑2年，并处罚金100万元；判处覃金洲有期徒刑1年6个月，缓刑2年，并处罚金50万元。

（三）案例启示

“基因编辑婴儿事件”为前沿生物技术的发展敲响了警钟，无论是从前沿生物技术安全角度、技术应用与风险防范的权衡角度，还是从政府监管角度，都值得我们深思。

第一，从技术安全角度来看，该实验性质属于人体基因改造，而非针对严重基因缺陷的临床治疗。但是目前人类关于基因编辑技术的认知水平尚不足以对其精确性、安全性和风险做出准确判断。尽管基因编辑技术可能会降低婴儿罹患艾滋病的概率，但与技术本身不可知的潜在风险相比，这一不确定的利益显得微不足道。特别是对艾滋病母婴传播的阻断已完全可通过更常规、更安全和更有效的方式来实现。所以，从纯粹技术合理性的角度来考虑，这一行为是无法被认可与接受的。

第二，从技术应用与风险防范的权衡角度来看，贺建奎等人将技术应用的可能性放在了首位，将科学家本应优先考虑的审慎预防原则抛到脑后，忽略了对于他人可能造成的风险。根据贺建奎前期发表的文章和公开言论分析，其对该技术风险认知是清楚的，却在决策过程中未将婴儿的最大利益，即生命权放在优先位置。基于这一前提，婴儿父母关于实验潜在风险、实验者的目的，以及知情同意的真实理由令人生疑，该知情同意的合理性不够充分。此外，技术专家和婴儿父母是否有权利代替孩子做出足以影响其整体生命状态的重大决策，国际国内关于这一问题的争议较大。

第三，基因编辑婴儿事件的发生，也暴露出我国在前沿生物技术临床应用的伦理审查、安全监管存在漏洞。如果深圳和美妇儿科医院的伦理审查文件和深圳市科技创新自由探索项目的立项属实，那么即使贺建奎团队所用文件均系伪造，至少说明在我国，某些地区对一线科研和医疗机构的伦理审查严重缺失。此外，从法律监管出发，尽管我国 2003 年颁布的《人胚胎干细胞研究伦理指导原则》明确规定体外培养期限自受精或者核移植开始不得超过 14 天，科技部也于 2017 年出台了《生物技术研究开发安全管理办法》，但由于上述办法、原则的立法层级太低，导致法律约束力不够，缺乏必要的配套法律条例，无法形成有效的惩治力。

总之，“基因编辑婴儿事件”充分反映出前沿生物技术风险的迫近，说明目前我国对于此类风险应对能力的欠缺，进一步完善相关风险应对机制迫在眉睫。

四、对策建议

针对我国目前在应对前沿生物技术安全威胁方面的现状，以及下一步威胁应对的难点和挑战，本节试图提出相关政策建议，推进和完善我国在生物技术安全方面的战略方针和具体行动措施。

（一）推进我国生物技术安全的体制机制建设

其一，抓紧制订我国生物安全国家顶层设计和战略规划，将生物技术安全纳入生物安全和总体国家安全观视野下。根据我国生物安全防御与管控、技术研发、组织体系、公众认知等现状，成立国家生物技术安全战略规划委员会（或者专门机构）与职能部门常规工作小组，共同编制国家生物技术安全中长期战略规划，从组织行政管理、各类智库建设、建设具有国家生物安全资质的实验室平台、威胁因子分类评估、风险甄别与早期预警、快速反应与检测监测、威胁根除与减缓、技术研发、公众教育、奖惩规则、企业监管、物资储备等各个维度的全面战略规划；基于战略规划组织各领域的优先发展计划与行动指南，并每2～3年根据新发情况进行更新，全面指导各个部门、各个领域的生物技术安全防御与管控。

其二，尽快完善我国生物技术安全监管体制机制。我国生物技术安全监管制度必须以政府为主导，以公共安全为监管核心，通过强有力的手段予以规范，在平衡生物技术利益和风险之间关系的基础上，形成“管促结合”的效果和可调可控的动态管控机制。建议成立国家生物技术安全专家智库与行政监管体系。一是在“国安办生物安全委员会”协调管理机制之下，成立各个分支（类别）专家咨询委员会（如人类新发流行病专家咨询委员会、外来入侵物种专家咨询委员会等），形成生物安全科技咨询与指导的国家智库管理体系。二是建立行政管理体系，在各省市自治区成立省市级生物安全办公室（行政）及地方委员会（科技咨询），形成从中央到地方的生物技术安全网络式属地化管理体系。

其三，加大针对生物技术安全能力建设的国家财政投入。建议国家进一步加大财政投入，鼓励与加速发展生物安全领域颠覆性的防御与管控创新技术，为国家生物安全防御提供科技支撑。建议国家财政支持并形成一批生物安全领域的国家级重点实验室，目前美国公开的生物安全四级实验室已达 15 个，生物安全三级实验室多达 1 300 多个；而我国大陆地区只有武汉、哈尔滨两家 P4 级生物安全实验室，46 个 P3 级生物安全实验室，实力差距非常明显。建议国家财政支持并形成一批生物安全领域的国家级智库，积极与生物技术领先国家开展国际交流和合作，学习西方国家先进经验和做法，积累生物安全领域的典型案例和有价值的信息及数据，着力培养具备生命科学和社会科学知识的复合型人才，提升我国生物技术安全的研究能力和技术储备。

（二）完善我国生物技术安全的法制体系建构

其一，根据国际惯例和国内实践，明确我国在生物技术安全方面遵循的法治原则。一是公共利益优先原则。它明确了生物技术必须以促进人类健康福祉为宗旨，是首要原则，要随时保持对其可能带来风险与危害的警惕。二是权责明晰原则。它是对政府监管机构具备通过科技手段对潜在风险进行监测与识别能力的要求。三是风险预防原则。它是绝大多数国家普遍采用的生物安全监管原则，是成本最低也是最为有效的管理原则，强调对建立科学发展安全风险评估的重要意义。四是分级管理原则。它是根据生物技术安全威胁程度不同，而对风险评估、事故报告、科研诚信记录采取区别监管的管理对策。五是全过程控制原则。它是在科研立项审批、研究实施、成果传播、科技普及、国际交流等覆盖科学研究周期全过程的监管体现。六是动态监管原则。它反映了前沿生物技术发展特征和生物技术安全应对的难度。七是国际合作原则。它是针对国际生物安全形势复杂、仅靠少数发达国家难以奏效的情况，基于平等、公平、对话和沟通开展国际合作而提出的。

其二，建立一套完善的监管法律体系，在复杂而严峻的国际形势下，有效应对前沿生物技术谬用所产生的安全威胁。根据生物技术研究安全监管内容和范围的要求和中国的法律体制，中国生物安全法规体系应当由不同级别、层次组成。第一个层次，应当具备一部由中国最高立法机构——全国人民代表大会通过的生物安全法，对涉及生物安全的立法目的、基本原则、基本制度、管理体制、管理程序、违法责任等做出全面规定；第二个层次，应当由国务院颁布一项涉及生物安全管理条例或生物安全法的实施细则，对生物技术安全监管做出比较全面、具体的规定；第三个层次，应由国务院授权主管生物安全工作的部门就具体管理问题出台或修订行政规章。目前中国最高立法机构正在酝酿出台的生物安全法明确提出，要从总体国家安全观的高度充分认识生物安全立法的必要性和紧迫性，将生物安全领域的立法活动与中国国家安全总体战略相连接，既反映出中国今后生物安全监管正迈向体系化、制度化，同时也为今后中国制定和实施国家生物安全战略提供了法律基础与保障。

其三，就具体操作方案而言，我国建构的生物技术安全监管法律体系，应遵循以下要点。一是法律监管核心是前沿生物技术两用性研究的识别。按照分级管理原则，对两用性研究实施风险分级管理，将低风险的有益研究与高风险的应受管制研究有效区分；判别是否构成两用性，应结合个案对研究背后的利益与风险做出系统评估。除了在法律规范中对典型情形加以明确列举，更重要的是建立动态开放的两用性研究评估机制。二是按照权责明晰原则，解决谁是适当的监管者、评估者的问题。前沿生物技术涉及科学家群体、科研机构与组织、学术期刊、企业、政府等众多利益相关者，单纯依靠政府自上而下的监管绝非良策，有效力的监管要建立在利益相关者充分的对话协商基础之上。三是按照风险预防原则，国家在制定具体法律规范之前应考虑建立专门的风险评估委员会负责协调组织前沿生物技术安全风险的评估，积极吸纳来自科学家、伦理学家、安全专家、法律专家等各方建议。四是在法律规范形式的选择上，应兼采硬法（国家立法）与软法（行业准则、伦理原则、科学家行为规则等），特别是要加强科学家群体的生物技术安全教育，提高其风险意识。五是按照全过程控制和动态监管原则，生物技术安全法律监管框架中应当包括但不限于以下内容：两用性研究的识别机制、研究的风险等级划分制度、项目资助审查制度、风险报告制度、应急制度、科学研究成果公开发表制度、违法的责任追究制度。六是按照国际合作原则，充分借鉴和吸收其他国家先进的发展经验，提升法制监管体系的系统化、开放性和整合性。

（三）鼓励社会各界积极参与共同保障生物技术安全

其一，鼓励生物科学家积极参与，加强生物技术安全的沟通合作。生物科学家若想更好地改造人与自然的关系，就需要更加强调科学家自身的职业责任感和历史使命感，突出科学家群体对自我行为约束的主体性和自发性。包括中国在内的世界各国生物科学家群体应坚持以能力提升为导向，基于实践中的突出问题，从风险管控能力、应急处置能力、对科研成果社会传播的预判能力等角度，完善对涉及生物安全、生物伦理的自我约束能力。因此，世界生物科学家群体不仅要在技术领域加强合作，共同深化生命科学领域的未知探索，还应就生物技术安全、生物伦理等问题进一步展开沟通与交流。两国科学院、科技协会还应加强生物科学家交流的机制建设，搭建更多的交流平台，以国际论坛、会议等形式发展和巩固两国生物科学家群体业已形成的良好合作关系。

其二，推动、培育一批国家级生物安全智库。从目前国际生物安全治理领域的趋势看，生物安全智库将成为未来在全球生物技术安全领域合作的探路者和催化剂，是健全全球生物技术安全合作的重要机制之一。生物安全智库可围绕本国生物安全立法、安全体系建设、专业化人才队伍培养、社会科学普及等方面，开展前瞻性研究。在此方面，美国已形成了不同类型、不同侧重、不同层次的生物安全智库群。尽管我国生物安全智库建设起步较晚，但近年来其发展态势显著。自2017年天津大学生物安全战略研究中心注册成为联合国《禁止生物武器公约》中国首家非政府组织（NGO）以来，其牵头起草的《生物科学家行为准则范本（草案）》被中国政府作为工作文件提交公约审议；在2018年《禁止生物武器公约》专家会上成功举办了主题为“关于生物科学家行为准则范本进展”的边会，这是中国智库首次在联合国《禁止生物武器公约》以边会的形式系统介绍中国生物科学家的主张。此外，天津大学生物安全战略研究中心还与美国约翰斯·霍普金斯大学卫生安全中心建立了密切的学术联系，共同建立起建立年度“生物安全中美二轨对话”机制。未来，我国生物安全战略智库应充分利用自身身份的便利，以及前期积累的交流渠道，积极开展国际交流和合作，在增进彼此的了解和信任的同时，相互借鉴、学习彼此开发生物技术、开展安全战略研究的先进经验和做法，为国际间的生物技术安全监管做出贡献。

其三，加强生物技术安全防御的人才培养和梯队建设。生物安全是一个新兴交叉领域，人才配备既要熟悉生物技术，又要通晓国际规则。我国从事生物安全领域战略研究和技术研究的人员配备还很匮乏，相关学科建设也尚未形成体系。建议在高水平大学加快设立交叉领域的独立学科，设立研究生学位点，制订系统培训计划，培养生物安全领域专业人才；布局生物安全国家重点实验室，聚合生命科学、计算机、风险管理、法律等学科的交叉研究，发挥应对生物安全问题的战略导向作用。

第四章 防范化解核心技术受制于人的风险

核心技术是一个国家、一个企业的竞争利器、核心能力和命脉所在，核心技术仍受制于人，许多重要产业对外技术依存度高，先导性战略高技术布局仍较薄弱，是各国科技领域重大风险的重要类型。在新一代信息通信、新能源、新材料、航空航天、生物医药、智能制造等领域，我国仍存在核心技术受制于人的情况。本章介绍了核心技术受制于人风险的基本情况，并以美国制裁中兴通讯事件为例，介绍核心技术受制于人风险的基本特点及其防范化解策略。

一、概述

（一）核心技术受制于人的风险的基本概念

1. 内涵

通俗地讲，核心技术是拿钱买不来、靠山寨仿造很困难或复制不出来的技术。通常，核心技术是一个技术秘密链条，这个链条越长，技术要超越、要模仿、要掌握就越困难。与之对应，核心技术能力是企业通过特有的技术要素和技能或各种要素和技能的独特的组合来创造具有自身特性的技术，以产生稀缺的、不可模仿的技术资源（包括技术和知识等）的企业能力。

拥有核心技术是企业获得国内外市场竞争力的关键，也是一个国家掌握技术话语权、占领世界制高点的重要依据。一旦掌握核心科技，那便意味着一个具有市场前景和巨大竞争力的产业的形成。因此，突破核心技术一直以来都是我国科技发展的战略规划和重要目标。相反，核心技术受制于人，会给国家科技安全、经济安全、国防安全等多方面带来巨大风险。

核心技术除具有技术的一般属性，还具有很强的独占性。核心技术是一个国家、一个企业的竞争利器、核心能力和命脉所在，所谓"大国利器，不可以示人"。党的十八大以来，习近平总书记在多个场合都强调过科技创新的重要性，他还多次提到要掌握核心技术，并指出核心技术受制于人是最大的隐患，而核心技术靠化缘是要不来的，只能自力更生。例如，2016 年 4 月 19 日，习近平总书记在网络安全和信息化工作座谈会上指出："互联网核心技术是我们最大的'命门'，核心技术受制于人是我们最大的隐患。一个互联网企业即便规模再大、市值再高，如果核心元器件严重依赖外国，供应链的'命门'掌握在别人手里，那就好比在别人的墙基上砌房子，再大再漂亮也可能经不起风雨，甚至会不堪一击。我们要掌握我国互联网发展主动权，保障互联网安全、国家安全，就必须突破核心技术这个难题，争取在某些领域、某些方面实现'弯道超车'。"①

2. 表现形式

核心技术受制于人的风险的表现形式是多种多样的，包括经济风险、信息风险、科技安全风险等。

第一，经济风险。我国企业在研究关键技术的过程中会遭遇无法确定的经济风险。一方面，在新技术的研发过程中会带来大量的资金

① 习近平：《在网络安全和信息化工作座谈会上的讲话（2016 年 4 月 19 日）》，人民出版社 2016 年版，第 10 页。

和劳动成本，并且投资越大，风险越大。另一方面，企业在引进国外关键技术过程中也可能会造成一系列风险：其一，由于核心技术是一家企业的核心竞争力，因此具有很高的经济价值，对于我国企业来说，无论是引进还是购买国外关键技术，都会造成巨大的资金投入，比如，目前我国在进口芯片上每年要花费超过 2 000 亿美元；其二，先进技术国家为了维护国家及地区安全、人民安全等往往会采取一系列自愿或者强制性的技术壁垒，因此，核心技术受制于人必然会对我国企业造成冲击，从而带来有形资产或者无形资产的损失。

第二，信息风险。目前，我国在操作系统、芯片产业等领域一直未能掌握关键技术，操作系统无论是桌面还是移动端，美国企业都占据了世界 95%以上的市场。当今以计算机技术、网络技术为特征的现代信息技术发展迅速，现代办公系统、通信方式、存储方式都依赖计算机网络。① 然而，当这些核心技术掌握在其他国家手中时，一旦出现问题如被劫持、被木马病毒攻击等，便会造成某些日常工作不能正常进行，给使用者带来损失。同时，操作系统掌握在别人手中，还存在被监控的风险，网络信息易被利用成为某些人攻击的目标，从而引发严重的信息安全事件，致使无法构建自己的自主安全可控体系。

第三，科技安全风险。科技安全是国家安全的重要组成部分，指的是在一定社会环境条件下，以国家价值准则为依据的对科技系统与相关系统相互作用所决定的国家安全态势的一种动态描述。当我国核心技术没有自主权时，便会对国家科技安全造成威胁。国家可能会受到敌对势力、破坏势力在技术手段上的威胁，国家利益可能会受到科技发展带来的负面影响。

---

① 参见范芙蓉、秦书生：《科技风险的基本特征及其防范对策》，《理论月刊》2018 年第 8 期。

（二）核心技术受制于人的风险的发展过程

核心技术受制于人的风险的发展过程，是与科技的发展过程直接关联的。自工业革命开始，核心技术受制于人的风险就存在了。

第一次工业革命开始于18世纪60年代，那时由英国主导的一系列技术发明浪潮改变了世界格局，蒸汽机的发明开启了资本主义工业化进程，蒸汽机不仅能运用于生产，还能运用在运输等方面，使资本主义完成了工厂手工业向“机器时代”的过渡。在那个时期，英国政府一直实施贸易保护政策，禁止技术输出，阻碍了技术在世界范围内传播，因此形成了欧洲支配世界的格局。当时，英国纺织领域出现了一项划时代的技术——阿克莱特水力纺纱机，凭借这项发明，英国成功占据了纺纱领域的技术制高点。这项技术也成为英国的经济机密，英国不仅严禁把纺织机器出口给他国，而且对于有技术的纺织工匠出国也是严格控制。在这种背景下，美国为了获得英国的先进技术以发展自己的工业，设立了高额资金，开出种种优厚条件，鼓励有技术的英国人移民到美国工作。

19世纪中期，技术开始由欧洲传向北美，第二次工业革命开始。1870年以后，科学开始广泛应用于工业生产，其中，德国在科学技术领域遥遥领先，美国在大量生产技术方面领先，日本也逐渐完成了资产阶级革命。第二次工业革命使资本主义各国在经济、文化、军事等方面发展不平衡，同时使缺乏技术的国家在帝国主义抢夺市场的过程中沦为了殖民地，第一次世界大战便拉开序幕。当时，中日甲午战争爆发，号称“世界第九”“亚洲第一”的北洋水师与日本海军在威海卫进行最后一战。由于日本舰队拥有新式装备和火炮，且数量多、威力大，北洋水师无法与之抗衡，最终在战争中全军覆没。最后，我国在国内技术远远落后于世界前沿技术的背景下，逐渐沦为半殖民地半封建国家。

20世纪后半叶，人类进入生物科技及产业革命时代，以原子能、电子计算机、空间技术和生物工程的发明为主要标志的第三技术革命兴起，还涉及信息技术、生物技术、海洋工程等。当时，以美国与苏联为主的两大军事集团为了争夺霸权，展开了数十年的斗争，对抗的形式包括科技竞赛、太空竞赛等，在这场“冷战”过程中，空间技术、原子能技术等起着至关重要的作用。与此同时，中国与苏联关系决裂，苏联政府限期召回了全部在华工作的苏联专家，销毁了部分技术图纸。自此，中国的军工业便在一段时期内几乎停滞，进入近乎白手起家的阶段，只能在落后的工业基础上摸索前进，仿制装备武器。

（三）我国核心技术受制于人的风险的基本情况

近年来，我国在科技方面的成果取得了巨大的进展，然而，还存在很多领域的核心技术受制于人的状况，突出的如芯片技术、操作系统等领域。关键技术受制于人会带来一系列风险，会严重威胁国家科技安全、经济安全及国防安全。

层出不穷的技术打压事件暴露出的问题是我国必须要突破关键技术和关键产品的关口，核心技术核心产品未必是大的CPU处理器等，一个小小的MLCC电容、小小的锁相环甚至电池计量计等都需要突破。但是，我国目前发展芯片产业的方针是靠巨大的资金投入来吸引开发商。就近几年的成果来看，光靠资金投入是不够的，还需要数学家、物理学家等人才投入才能解决基础科学产品生产和制造的难题。

中国是全世界集成电路最大的需求方，占世界需求的60%以上，但集成电路的国产化率非常低。虽然低速的光芯片和电芯片已实现国产，但高速的仍全部依赖进口，国外最先进芯片量产精度为10纳米，我国只有28纳米，隔了两代差距。据报道，在计算机系统、通用电子系统、通信设备、内存设备和显示及视频系统多个领域中，我国国产芯片占有率为0。

不光芯片技术是我国工业发展的“卡脖子”技术，《科技日报》曾推出系列文章报道制约我国工业发展的35项“卡脖子”技术，其中包括制造芯片的光刻机，其精度决定了芯片性能的上限。在“十二五”科技成就展览上，中国生产的最好的光刻机，加工精度是90纳米，这相当于2004年上市的奔腾四CPU的水准，而国外已经做到了十几纳米。中国的IT行业并没有人们看上去的那么繁荣，在技术上与国外仍然存在很大差距。目前有3家美国公司垄断手机和个人电脑的操作系统。数据显示，2017年安卓系统市场占有率达85.9%，苹果IOS为14%，其他系统仅有0.1%。并且在这0.1%中，微软的Windows和黑莓系统占大多数。而中国手机厂商免费利用安卓的代价，就是随时可能被“断粮”。

此外，35项“卡脖子”技术中还包括航空发动机短舱、触觉传感器、真空蒸镀机、手机射频器件、重型燃气轮机、激光雷达、高端电容电阻等高端技术。然而，如今的“卡脖子”技术与2001年《科技日报》提到的“卡脖子”含义大相径庭。过去，“卡脖子”指的是一些长期没有实现的技术突破，而如今则有被国外技术封锁的含义。

二、典型事例：美国制裁中兴通讯事件

（一）中兴事件背景介绍

1. 中国芯片产业发展历程

中国芯片产业的发展，最早要追溯到20世纪50年代，共经历了5个发展阶段：开始时在高度计划经济体系下集成电路产业完全由政府主导，缺少民间资本参与，缺少吸引人才的分配制度和用人政策，没有高强度的资金投入。1965—1978年，中国集成电路产业进入从无到有的创业期；1965年，中国第一块硅基数字集成电路研制成功，自此，中国集成电路产业翻开历史的一页。第一批国内研制的晶体管和

数字电路在河北半导体研究所鉴定成功；1968 年，上海无线电十四厂首家制成 PMOS（P 型金属-氧化物-半导体）集成电路；1970 年，北京 878 厂、上海无线电十九厂建成投产；1972 年，中国第一块 PMOS 型 LSI 电路在四川永川 1424 研究所制成；1976 年，中科院计算所采用该院 109 厂研制的 ECL 成功研制出 1 000 万次大型电子计算机。

20 世纪 80 年代，国外进入超大规模集成电路时代，芯片已成为一个国家工业发展水平的重要标志。1978—1989 年，我国集成电路产业进入探索前进期，决定进行市场换技术的尝试，主要引进美国二手设备，大都是国外淘汰下来的生产线，进一步改进了集成电路的装备水平，初步实现了集成电路的国产化。1980 年，中国第一条 3 英寸生产线在 878 厂投入运行；1982 年，江苏无锡 742 厂从东芝引进电视机集成电路生产线，这是中国第一次从国外引进集成电路；1982 年，国务院成立电子计算机和大规模集成电路领导小组；1989 年，机电部在无锡召开“八五”集成电路发展战略研讨会，提出振兴集成电路的发展战略。

1990—2000 年，中国集成电路产业进入重点建设时期：以 908 工程和 909 工程为核心，建立起了北方科研开发基地，使得信息服务产业和集成电路产业取得新的进展。1991 年，中国成立中外合资公司——首钢 NEC 电子有限公司；1993 年，第一块 256K 动态随机存取存储器（DRAM）在中国华晶电子集团公司试制成功；1996 年，英特尔公司投资在上海建封测厂；1998 年，华晶与上华合作生产 MOS 原片合约签订开始了中国大陆的 Foundry 时代，由北京有色金属研究总院半导材料国家工程研究中心承担的我国第一条 8 英寸硅晶抛光片生产线建成投产。

2000—2011 年，中国集成电路产业进入发展加速时期。2000 年，中芯国际在上海成立；国务院 18 号文件加大对集成电路的扶持力度，制造业获得重点扶持。2002 年，中国第一款批量投产的通用 CPU 芯片“龙芯一号”研制成功。2003 年，台积电有限公司落户上海。2004 年，中国大陆第一条 12 英寸生产线在北京投入生产。2006 年，我国设立“国家重大科技专项”。2009 年，国家“核高基”重大专项进入申报与实施阶段。2011 年，国务院印发了《关于印发进一步鼓励软件产业和集成电路产业发展若干政策的通知》。

2012 年至今，我国集成电路产业发展进入高质量发展期。2012 年，《集成电路产业“十二五”发展规划》发布；2014 年，《国家集成电路产业发展推进纲要》正式发布；2016 年，中国第一台全部采用国产处理器构建的超级计算机“神威・太湖之光”获得世界超算冠军。

2. 中兴公司简介

中兴通讯股份有限公司（简称中兴通讯），外文名称为 Zhongxing Telecom Equipment（简称 ZTE）。中兴通讯是中国最大的通信设备上市公司，为世界范围内 160 多个国家和地区的电信运营商提供创新技术与产品解决方案，公司的主要产品包括 2G/3G/4G/5G 无线基站与核心网、固网接入与承载、光网络、芯片、高端路由器、智能交换机等。

该公司成立于 1985 年，上市于香港和深圳两地，是全球第四大手机生产制造商，并在 2013 年荣获“2013 年度中国品牌 500 强”。

中兴通讯是中国重点高新技术企业、技术创新试点企业和国家“863”高技术成果转化基地，承担了近 30 项国家“863”重大课题，是通信设备领域承担国家“863”课题最多的企业之一。公司每年投入的科研经费占销售收入的 10%左右，并在国内及美国、印度、瑞典设立了 14 个研究中心。

（二）中兴事件始末

过去几年，我国为了促进虚拟经济发展，诞生了大量技术。然而，在实体经济领域，我国高端技术的“卡脖子”现象越来越严重，并且随着全球化迅速发展，中美贸易摩擦导致美国已经将贸易领域的争端蔓延至科技领域。“中兴事件”给了我国制造业明确信号，不掌握核心技术就会被“卡脖子”，这对于许多正处在全球化进程中的中国企业来说具有警示意义。

1. 事件开端

中兴事件最早开始于2012年。当时，中兴通讯通过签订合同的方式，将一批搭载了美国科技公司软硬件的产品出售给伊朗最大的电信运营商伊朗电信（TCI）。根据美国的出口限制法规，美国政府禁止美国制造的科技产品出口到伊朗。中兴通讯的这笔生意涉嫌违反美国对伊朗的出口禁令。此次中兴通讯制裁事件由美国商务部主导，调查重点是中兴通讯是否通过幌子公司采购美国产品，然后将其提供给伊朗，从而违反美国的出口禁令。

美国国家情报特别委员会因中兴通讯与伊朗的贸易活动对中兴通讯展开调查，中兴通讯停止向伊朗提供美国设备。2012年3月，中兴通讯在美国的子公司最先收到来自美国得克萨斯州法院的传召函，称已针对中兴通讯进行立案调查。在美国于2012年3月立案调查后，中兴通讯没有采取必要的出口管制合规管理措施，反而想方设法规避美国出口管制规定。

2016年，美国商务部对中兴通讯施行出口限制，禁止美国元器件供应商向中兴通讯出口元器件、软件、设备等技术产品，原因是中兴违反美国对伊朗的出口管制政策，并且，美国商务部官方网站在3月7日披露了其调查员获取的中兴通讯内部文件。该文件显示，中兴通讯当时在伊朗、苏丹、朝鲜、叙利亚、古巴五大禁运国都有在执行的项目，这些项目都在一定程度上依赖美国供应链。美国商务部以中兴通讯“违反美国出口限制法规”为由，对中兴采取限制出口措施。中兴通讯公告称：“获知美国商务部拟对中兴通讯实施出口限制措施，公司正在全面评估此事件对公司可能产生的影响，并与各方面积极沟通。”

2016年3月21日，美国商务部发表声明称，将向中兴通讯及其子公司发放临时许可，暂时解除对两家公司的出口限制措施。临时许可的有效期为3月24日至6月30日。据《华尔街日报》报道，暂缓制裁的原因是美国商务部与中兴通讯达成了一份临时协议，而该协议中的一项内容便是，凡参与违规行为的中兴通讯高管必须辞去管理层的职务。接着，中兴通讯在4月5日进行高层大换血，原CEO（首席执行官）等三位高管卸任，而赵先明则“临危受命”被委任为公司董事长兼CEO。《环球时报》报道称，中兴通讯几位高管放弃自身利益，以离职换取美国商务部对中兴解除出口限制。赵先明上任后就从团队及管理机制方面做出了改革，包括任命美国律师为首席出口合规官、完善《出口管制合规手册》、全球出口管制培训等。仅仅用了1年，2017年3月7日，赵先明就摧枯拉朽般带领中兴通讯渡过了此次危机。和解后，赵先明也在第一时间表态，“中兴通讯承认违反美国出口管制相关法律法规，愿意承担相应的责任……”赵先明也认为与美国政府的和解是一个双赢的局面。

中兴通讯公告称：“本公司已就美国商务部工业与安全局（以下简称BIS）、美国司法部（以下简称DOJ）及美国财政部海外资产管理办公室（以下简称OFAC）对本公司遵循美国出口管制条例及美国制裁法律情况的调查达成协议（以下合称‘该等协议’）。”

协议内容包括（重要部分）：

> 鉴于本公司违反了美国出口管制法律，并在调查过程中因提供信息及其他行为违反了相关美国法律法规，本公司已同意认罪并支付合计892 360 064美元罚款。此外，BIS还对本公司处以暂缓执行的3亿美元罚款，在本公司于7年暂缓期内履行与BIS达成的协议要求的事项后将被豁免支付。
>
> 本公司与OFAC达成的协议签署即生效，本公司与DOJ达成

的协议在获得得克萨斯州北区美国地方法院（以下简称“法院”）的批准后生效，法院批准本公司与DOJ达成的协议是BIS发布和解令的先决条件。同时，在本公司与DOJ达成的协议获得法院批准、本公司认罪及BIS助理部长签发和解令后，BIS会建议将本公司从实体名单移除。

本次事件以中兴通讯被美国三个机构处以8.92亿美元罚款收尾，并且另有3亿美元缓期执行，其中除了要求中兴通讯不能再违反美国出口管理法、美国出口管理条例，中兴通讯还同意了一项同样条件下待定的7年出口权拒绝命令，即如果中兴通讯违反与美国商务部的和解协议，没能遵守待定期条款，3亿美元的待定罚款就可能会立刻全额到期，待定的7年出口权限拒绝令就会被激活生效。

当时，对于罚款事件已经尘埃落定，国内的券商也纷纷表示这是利空出尽，“建仓良机已至”。于是，这笔巨大的罚款直接导致中兴通讯亏损23亿元人民币。但是，国内零星的报道和公告似乎将本次处罚事件描绘成一个成功的危机公关，甚至鲜有提及处罚原因和金额。

2017年10月，BIS公布了一份对于中兴通讯的调查分析，从中可见整个案件的来龙去脉，处罚原因就是关键证据被美国政府掌握。经过多年的调查，中兴通讯在2011年的一份内部机密文件被扒了出来，即《关于全面整顿和规范公司出口管制相关业务的报告》以及《进出口管制风险规避方案——以YL为例》。在这些报告中有如下表述，成为关键的证据所在。

目前，公司最大的风险是正在进行中的伊朗业务……在2010年末的时候，我们公司和伊朗的客户签署了四方协议，采用了半隔断的操作模式，例如，我们公司本身只向伊朗客户提供自行生产的设备，而从美国采购的敏感产品则由我们公司的合作伙伴向客户提供。

我们公司已与伊朗公司YL签署了许多合同，这些合同目前正在执行中。原先这些合同是由四方共同签署，然而现在在执行过程中，并未严格按照合同约定的模式操作，而是由中兴通讯承担了合同项下的权利与义务，直接将管控的商品出口给了伊朗公司。

我们公司与该国中兴通讯集团开展业务时，要避免使用我们公司自己的名字，也要避免直接向这些客户出口产品和提供服务。这种操作方法我们称为隔断模式。

在隔断模式中，由7S公司向美国购买产品，并转卖给8S公司，8S公司将产品出口给迪拜的10S公司，最终由10S公司转口给YL公司和他的客户……还有一种操作是由中国之外设立的9S公司购买美国产品，并出口至迪拜由10S转卖给YL……

我公司的转口业务，尤其是其中在伊朗开展的业务，有可能会使得公司被美国列入黑名单。一旦被列入黑名单之后，我公司可能会失去美国产品的供应链。

我们公司的很多技术和零部件都由美国的供应商提供……一旦我们公司违法了美国相关的出口管制法，美国政府可能会禁止国内供应商向我公司提供产品。

从BIS公布的细节中可以看到，美国对于中兴通讯的巨额处罚，一方面，是因为ZTE恶意违反美国出口管制法案，采取了种种反侦察措施规避监管；另一方面，更重要的是因为中兴通讯采用了造假和欺骗手段，在调查期间，故意隐瞒真相，妨碍调查。

2. 事件发酵

好景不长，当年悬在头上的7年出口拒绝令被激活生效。2018年4月16日，对中兴通讯的制裁禁令被美国商务部重新启动，并且美方已经针对中兴（中兴通讯和中兴康讯）发布出口权限拒绝令，未来7年将禁止美国公司向中兴销售零部件、商品、软件和技术。美方在该禁令中提及的主要理由是：欺骗、虚假陈述和一再违反美国法律（deception，false statements，and repeated violations of U. S. law)。在这份报告中，美方甚至提及虚假陈述（false statements）高达20次，主要原因是中兴通讯在2016年11月30日和2017年7月20日的报告中做了虚假陈述。由于中美贸易战持续升级，中兴此次事件的漏洞就正好成了美国政府针对中国企业、打击中国芯片产业的切入口。

美方在该报告中指出，2018年3月13日，BIS已经通知中兴通讯，可能将会重启制裁，并于2018年3月16号让中兴通讯做了答辩。美方查阅了中兴通讯的A股和港股官方公告。3月16日直至美国制裁报告发布前，中兴通讯都没有就本次事件予以披露和公告，这是否涉嫌违反上市公司信息披露义务？还是说如此重大影响的事件都不属于披露的范围？

在答辩中，中兴通讯承认了未能有效执行当时报告中的方案，例如未执行对涉案员工的纪律处分等内容：在中国法律允许的范围内扣减2016年度的奖金（30%～50%），该部分奖金会在2017年的年终奖中被扣除。根据中兴通讯的回复，BIS重新查阅了案件资料，并且往事重提，发现中兴通讯承认的规避监管行为高达96起，违反美国出口管制法案380起。

总而言之，本次美国商务部重启对中兴通讯的调查的理由主要是中兴通讯的不诚信。一方面，是其整改措施不到位，与当时报告的要求不符；另一方面，是往事重提，将之前ZTE的违规行为重新描述了一遍，违规内容基本与2017年10月发布的调查报告内容一致。那么，本来还在缓期执行观察期的中兴通讯，是否因为中美贸易战的关系被当成了靶子呢？毕竟2017年它已接受了近9亿美元的高额处罚并签署了和解协议。但是，对于美国列举的违规事实，作为上市公司的中兴通讯，是否能够给出更合理的解释呢？

根据制裁禁令的要求，本次对于中兴通讯的制裁，总体来说包括以下四个要点：第一，中兴不能直接从美国进口产品或技术。第二，任何人不能协助中兴间接从美国进口产品或技术。第三，任何人不能从美国进口产品或技术后转卖给中兴。第四，就算中兴成功从美国进口了产品或技术，任何人都不能买它们，也不能提供安装、维修等后续服务，时间将近7年，至2025年3月13日。不只是中兴通讯、中兴康讯被禁止从美国进口产品或技术，与它们有关的所有代理公司、关联公司都受到管制。这个范围包括所有的相关企业和人员，中兴的雇员也不例外。

然而，在制裁禁令发出的4天后，即4月20日上午，中兴通讯发布声明称：在相关调查尚未结束之前，美国商务部工业与安全局执意对公司施以最严厉的制裁，对中兴通讯极不公平，中兴通讯不能接受。5月3—4日，中美在北京进行了首轮贸易磋商，就共同关心的中美经贸问题进行了坦诚、高效、富有建设性的讨论。在此次交流中，中方就中兴公司案与美方进行了严正交涉。美方表示，美方重视与中方的交涉，将向美总统报告中方立场。5月9日，中兴通讯发布公告表示，受美国商务部激活拒绝令影响，公司主要经营活动已无法进行。但公司现金充足，将在合法合规的前提下坚守商业信用。5月13日，特朗普发布推特（Twitter）称，正和中国国家主席共同努力，为中兴通讯快速恢复业务提供途径，已下令商务部着手解决。

接着，中兴事件迎来转机。2018年5月15—19日，应美国政府邀请，中共中央政治局委员、国务院副总理刘鹤赴美访问，同美国财政部长努钦率领的美方经济团队继续就两国经贸问题进行磋商。美国时间5月13日，特朗普发布推特称：将为中兴提供一种很快恢复业务的途径。接着，22日有消息称，特朗普提出了一项计划，拟对中兴处以高额罚款，并对其管理层进行改组，作为美国政府撤回之前让中兴经营陷入困境的严厉惩罚措施的条件。29日，中兴执行副总裁兼首席技术官徐慧俊以及负责公司运营的黄达斌被免职，在此之前，中兴首席合规官兼首席法务官程钢已被免职，另外还有其他几名高管被解职后重新分配岗位。6 月 7 日，美国商务部正式宣布与中兴通讯公司达成新和解协议。不过，中兴公司需要支付 10 亿美元罚款，另准备 4 亿美元交由第三方保管。此外，美国选择合规团队进驻中兴，并要求中兴在 30 天内更换董事会和高管团队。

2018 年 7 月 2 日，中兴公司辛苦获得一个月的有限授权。BIS 出口商服务办公室发布公告，就中兴拒绝令发布授权，鉴于 BIS 收到多个授权请求履行在 4 月 15 日拒绝令前的交易，BIS 决定，除国别 E 组（古巴、伊朗、朝鲜、苏丹和叙利亚）外的任何人参与以下交易，都可以获得通用授权，授权有效期为从 7 月 2 日至 8 月 1 日。授权包括：①继续现有的网络和设备运营，在 4 月 15 日前，第三方与中兴签署合同或协议，可以维护任何网络和设备的持续运行，包括软件更新；②支持 4 月 15 日前上市的中兴模式手机；③网络安全研究和漏洞披露；④交易资金必须在美国商务部授权的机构间转移。

3. 事件结局

最后，中兴以高昂的代价换取美国对拒绝令的解除。美国商务部在 7 月 11 日的电邮声明中表示，根据中兴已经与美国商务部签署的协议，一旦中兴通讯向托管账户存入 4 亿美元（约合 26.7 亿元人民币），对中兴的拒绝令将解除。根据中兴与 BIS 签署的协议（superseding agreement），具体制裁有：

民事惩罚。罚款总额为 17.61 亿美元，2017 年 3 月 23 日公告的 3.61 亿美元民事罚款已于 2017 年 5 月 19 日前缴纳，在 6 月 11 日协议后的 60 天内中兴再向美国商务部缴纳 10 亿美元罚款，余下 4 亿美元罚款在 90 天内转入双方选定的托管账户。4 亿美元的支付在协议有效期 10 年内，届时托管到期，是否缴纳取决于：①中兴在协议期内是否完全、及时缴纳 10 亿美元罚款；②是否符合 4 亿美元的托管要求；③按照留存所有记录且为美国可获得，完全履行协议和法令规定的审查和汇报要求；④遵守协议和法规的其他要求，承诺不再违反美国出口管制法、出口管制法规……如果中兴违反上述规定，4 亿美元罚款立刻征收，并部分或全部进入 BIS 账户。

特殊履约协调人。在协议签署 30 天内（即 2018 年 7 月 11 日），BIS 将选择独立特殊履约协调人（SCC）进入中兴，协调、监控、评估和汇报中兴及子公司的履约情况，协议具体规定了 10 个方面的内容。

审计。中兴应完成 9 份履行美国出口管制法的审计报告，涉及与法规相关的所有出口、再出口和转让。

中兴确保保留所有与美国管制法规相关数据，并保证美国可以获得这些数据。

中兴事件正式尘埃落定。此外，值得注意的是，美国的出口管制法律法规非常严格也非常复杂，为避免企业贸易行为影响国家安全，BIS 每年将举办多场培训。既涉及如何确定出口产品为管制物项，又涉及如何遵守法律法规的合规内容。

美国 BIS 的出口管理与合规计划（Export Management and Compliance Program，简称 EMCP）指南从 9 个要素出发为企业的出口管理与合规工作提出了建议，并为 EMCP 自我评估检查清单列了 12 个问题，企业可以按照具体问题评估内部合规工作，还可以联系 BIS 的出口商服务办公室获得合规项目服务。包括：第一，管理层承诺（management commitment），企业应从上到下重视合规问题，合规部门或专门人员应具有独立性和交易否决权，同时张贴企业的合规承诺。第二，风险评估（risk assessment），企业应当建立及时识别并惩处违规行为的流程和渠道。第三，制定 EMCP 的书面指导文件等。第四，合规培训（compliance training），要对员工进行常规的培训，且对培训进行有效记录，同时对代理商及货运商等也应做一定的培训，增强其合规意识。第五，制定“全面”（cradle to grave）出口合规安全和审查机制，实施执行检查和审查并解决漏洞的程序，为货运代理提供指导。第六，妥善保管交易记录，确保交易文件完整且可查询，并至少保存5年。第七，出口履约监控和审计评估。第八与第九，处理和汇报出口合规问题及违规情况，采取纠正措施。出口相关非合规项目的有效通报内容，包括管理承诺、内部和外部汇报程序、按照公司合规政策和程序对于非合规的纠正和处分行动。

EMCP指南建议公司组建专门的工作团队，如雇用经验丰富的审计人员，包括内部的与外部的，完成指南9个因素的相关工作，并确立公司内部出口相关流程，然后调整现有出口流程，解决漏洞。

（三）中兴事件关键问题分析

1. 芯片技术“卡脖子”原因分析

在中兴事件发生后，我国企业开始对芯片有了集体的反思。对我国来说，芯片制造能力几乎在短时间内不会在资本、人才及生态上形成任何竞争力，这主要有以下三方面原因：

第一，人才梯队没有有效形成规模，因为即使将世界最先进的生产线搬到国内，也没有人才能够真正让芯片生产形成规模，因为这一技术密集型产业需要一定积累，也需要深厚技术沉淀。清华大学社会科学学院副院长李正风也指出芯片涉及电子、化工、光学、机械等多领域的一系列技术，这种“卡脖子”的技术往往是复杂的技术。以芯片为例，李正风认为，创新体系中各要素之间缺乏应有的互动、联系，以及要素之间出现的各种错配现象，其实就是一种系统失灵。我国创新体系在顶层设计、重大科技计划和重大项目组织管理模式、产学研合作机制、基础研究引领支撑技术创新、激励创新创业的知识产权保护政策、人才培养储备与利用全球优秀人才等方面存在“系统失灵”问题，严重制约创新体系的整体效能。我们必须痛下决心，对创新体系进行面向未来的系统性改革，解决“系统失灵”问题，全面提升创新体系的整体效能。

第二，芯片全生命周期服务链条断档。众所周知，芯片技术在设计、制造、封装及生态上需要全方位协作，任何一个环节的滞后都会影响芯片技术在整体上的性能表现，而中国芯片产业恰恰缺少这样的完备链条。2018 年 7 月，倪光南院士在公开演讲中称："由于芯片的产业链很长，一个芯片要做出来，从材料开始，按照设计过以后，材料要去加工，最后出来要测试封装。所以我国的设计水平，我认为到了平均水平，不见得是短板；但是我们的制造是明显的短板，我们的材料、装备更差，设计工具应该说基本空白，所以我们整个芯片产业链是不平衡的。"中国发展战略学研究会理事长、中科院科技战略咨询研究院院长潘教峰说："芯片产业是高度集成、高度精密、高度国际化、高度研发导向的产业，其核心设备的原材料和零部件来自全球几十个国家，数百个供应商，他们形成了快速变化的复杂创新系统。芯片产业系统存在的任何一个短板都可能变成一种制约，这就需要着力加强系统创新能力。"

第三，资本规模没有跟上，尽管有大的基金支持及小的民间资本参与，无论是应用型的 AI 芯片，还是产品级的手机芯片，能够撑起一片天的独角兽寥寥无几。事实证明，多年的资本倾入，仍然没能改变半导体基础产业弱势的现状。

2. 关键技术"卡脖子"影响

目前，不光芯片产业是我国的技术短板，在很多高技术领域，我国也存在受制于人的地方。"卡脖子"问题迫在眉睫，且有的技术短板已成为我们的心腹之患。

在操作系统方面，存在严重的安全风险和供应风险。倪光南院士在采访中指出："核心技术受制于人，受到了禁运，使得整个企业的业务停滞下来，便会被别人卡脖子。"风险主要有：第一是被监控的风险。被监控就像"棱镜门"所表示的，目前来讲是很严重的一个安全风险。而且 2020 年 3 月在美国通过了一个关于跨境使用数据的法案，政府可以调取美国企业域外存储的数据，这就意味着监控可能是非常容易实施的。如果用了外国的一些软件和设施都很容易被别人监控。第二是被劫持的风险，各种形式的“后门”可以使电脑黑屏、停止工作或者不正常工作。第三是被木马病毒攻击的风险。第四是被停止服务或者禁售，像某些企业受到禁运，使得整个企业的业务停滞下来。第五是证书、密钥失控。在Windows10操作系统中，由于它把可信计算整合在里面，比如我们国家的（电子）证书按照《电子签名法》应该由国家统一发放，但我国并没有发放Windows10证书和密钥管理的权利。第六是无法进行加固，如今安全厂商有一系列加固办法可以对一些有风险、不够安全的产品进行加固，提高安全性，但是还有些产品我们没办法对其加固。第七是无法打补丁，源代码没有知识产权则没法儿共享；源代码不开放，当发现漏洞时则要依靠国外的技术打补丁，并且没办法完全分析补丁是否有效。第八是无法支持国产CPU。就一个生态系统而言，操作系统必须要和CPU及其他应用软件、相关硬件形成一个完整的体系。但是如果我们用了某些操作系统，就没法儿支持国产CPU，也就无法构成中国自己的自主安全可控体系。

并且，美国自中兴事件以后本身依然没有放松关键元器件对中国的“禁运”，中美贸易战更大程度上将贸易战的后续影响进一步深化，所以贸易战对于中国的影响力不单单是一个时间段上面的影响力，更多的是由来已久在产业链上面的核心竞争力差距。2018年12月1日，华为总裁任正非的女儿孟晚舟，同时也是华为的CFO，被加拿大政府联合逮捕，从此美国瞄准华为，开始实施步步紧逼的制裁打压计划。2019年5月15日，美国总统特朗普签署行政命令，宣布进入国家紧急状态，允许美国禁止给那些被“外国对手”拥有或掌控的公司提供电信设备和服务。同日，美国商务部宣布，将把华为及其子公司列入出口管制的“实体名单”。一旦被列为实体名单，就意味着华为无法使用美国软硬件，不仅仅是芯片，包括Windows、安卓系统等。中美贸易摩擦愈演愈烈，尤其是华为被美技术断供，导致发展自主创新的中国芯片业的紧迫性空前强烈。

目前，在芯片、操作系统等领域，我国还没有掌握关键产品和核心技术。在全球化产业分工中，中国始终处于产业链的下游，长期缺乏科技创新和产业升级的内在动力。如果贸易战最终向科技战方向发展，芯片领域和操作系统领域面临技术打压是必然的。因此，不管是哪个行业，唯有自主研发且掌握核心科技，才能经受各种风浪，基业长青。

3. 防范“卡脖子”风险政策回应

如今，高端技术被别人“卡脖子”的现象越来越多，如何突破技术上的“卡脖子”，已成为一个越来越重要的问题。

在国务院政府工作报告中，高端技术被别人“卡脖子”的问题屡次被提及。2014 年 3 月 5 日，李克强总理在国务院政府工作报告中明确提出，要设立新兴产业创业创新平台，在新一代移动通信、集成电路、大数据、先进制造、新能源、新材料等方面赶超先进，引领未来产业发展。2015 年 3 月 5 日，李克强总理在国务院政府工作报告中指出，要着力培育新的增长点，要实施高端装备、信息网络、集成电路、新能源、新材料、生物医药、航空发动机、燃气轮机等重大项目，把一批新兴产业培育成主导产业。2017 年 3 月 5 日，李克强总理在国务院政府工作报告中明确要全面实施战略性新兴产业发展规划，加快新材料、新能源、人工智能、集成电路、生物制药、第五代移动通信等技术研发和转化，做大做强产业集群。2018 年 3 月 5 日，李克强总理在国务院政府工作报告中的“对 2018 年政府工作的建议”部分指出，要将集成电路列入实体经济发展首要目标。因此，国家目前非常重视集成电路产业的发展，意识到芯片产业存在核心技术落后的问题。

2018 年 5 月 28 日，在中国科学院第十九次院士大会、中国工程院第十四次院士大会上，习近平总书记强调，要“在关键领域、‘卡脖子’的地方下大功夫，集合精锐力量，作出战略性安排，尽早取得突破，力争实现我国整体科技水平从跟跑向并行、领跑的战略性转变，在重要科技领域成为领跑者，在新兴前沿交叉领域成为开拓者，创造更多竞争优势”①。无数的经验告诉我们：在别人的地基上盖房子，楼越高风险越大。如果我们不掌握核心技术，迟早会被别人卡脖子，国之重器不立足于自身，容易动摇发展的根基。关键核心技术是要不来、买不来、讨不来的。只有坚持问题导向，下大气力解决我国基础科学研究短板突出，技术研发聚焦产业发展瓶颈和需求不够，科技成果转化能力不强，人才发展体制机制还不完善，科技管理体制还不能完全适应建设世界科技强国需要等问题，才能根本改变关键核心技术受制于人的局面，激活创新这个引领发展的第一动力，强化建设世界科技强国对建设社会主义现代化强国的战略支撑。

2019 年 9 月 2 日，李克强总理在主持召开的国家杰出青年科学基金工作座谈会上指出：“基础研究决定一个国家科技创新的深度和广度，‘卡脖子’问题根子在基础研究薄弱。”② 基础研究没有捷径可走。要有十年磨一剑的专注精神，潜下心来把冷板凳坐热。数学则是基础研究的基础，是其他科学研究的主要工具。

（四）中兴事件启示与反思

1. 中兴事件的必然性

中兴事件的发生具有必然性，它不仅反映出芯片产业在我国经济转型过程中遇到的瓶颈现象，也折射出我国整个高新技术产业遇到的受制于人的现象。

第一，中国进入中等收入阶段后，一方面受到成本和资源的限制；

---

① 习近平：《在中国科学院第十九次院士大会、中国工程院第十四次院士大会上的讲话（2018 年 5 月 28 日）》，人民出版社 2018 年版，第 11—12 页。

② 李克强：《更大激发科研人员创新创造潜能 为青年人才成长创造更好环境》，《人民日报》2019 年 9 月 4 日。

另一方面也受到来自其他落后国家的底部竞争的困扰，产业结构化升级是不可避免的。在要素驱动、投资驱动向创新驱动转变的过程中，沿着全球价值链的最底端向上攀升，必然会受到处于全球最顶端的价值链的技术优先国家的打压，中兴通讯事件的出现只是在表现形式上凸显了这一点。换言之，由于美国失去了在通信技术方面可以与中兴竞争的跨国公司，因此它直接采取了预先实施禁令的极端形式以打压中兴。

第二，在过去，我国以几乎无限的廉价劳动力供应迅速融入全球生产链的低端加工和组装领域，虽然这种“两头在外”的发展模式已经形成了较大的生产能力，但技术能力的形成，特别是高新技术产业的形成，远远落后于中下游产业的生产能力的形成。同时，大量中下游加工业也严重依赖工业发展，这些企业要保持经营速度、增长速度和快速及时的供给，就必须不断地索取国外上游产业的现成产成品，而不能支持国内上游高技术产业的产品开发和市场开发。这尤其体现在制造业智能化、自动化升级进程中对机器人设备的上游依赖，而中兴事件则体现在对上游芯片产业的依赖，这也是后发展中国家面临的一个障碍。①

第三，中兴通讯是一个资本密集型和技术密集型企业。资本密集型和技术密集型产业是第五波技术浪潮的支柱产业，而不是一个生产“广泛而廉价”的关键要素的动力产业。第五波技术浪潮的关键性输入是芯片和存储设备。这一重要的投入不仅符合现代化的摩尔定律，而且在很大程度上依赖于基础生产的物质科学。这要求未来的发展中国家不仅要以更快的速度更新技术知识，而且需要获得更广泛的工业基础支持。美国对中兴通讯的遏制期，是中国通信业开始从低端生产能力和低端技术能力相结合向品牌生产能力和高端技术能力转变的时期。

① 参见杨虎涛、贾蕴琦：《产业协同、高端保护与短周期迂回——中兴事件的新李斯特主义解读》，《人文杂志》2018 年第 9 期。

在这个转型时期，遏制通信电子产业，符合主要国家在价值链上的长期战略利益和跨国公司的竞争利益。

中兴通讯的出现也表明，我国在支持上游高技术产业发展方面存在滞后性。尽管中兴通讯拥有近 9 万名员工，产值超过千亿美元，产品遍布全球，但在芯片技术方面却高度依赖外国制造商，尤其是美国制造商。然而，芯片的技术壁垒非常高。从施工到成品销售的周期长达两年。在短时间内芯片供应商几乎是不可替代的。一旦禁交令实施，中兴通讯不仅无法生产新的通信设备，而且无法维持已售出的供应设备，这将不可避免地导致中兴通讯失去数十年的努力成果。同时这也说明，在缺乏上游产品主导地位的前提下，通信、电子等支柱部门的中下游产品生产规模越大，竞争能力提升越快，产业的对外依赖性和脆弱性就越高，产业的路径依赖和锁定特征也就越明显，等待国有芯片的突破或采用质量次于国外芯片的国产芯片，对中下游企业的市场和产品冲击也就越大。

2. 中兴事件的启示

美国对中兴的制裁事件，唤醒了落后世界 20 多年的中国芯片产业。从事件的直接影响或过程来看，中兴事件是一次教训，更是一种启示。

第一，自我国加入世界贸易组织以来，我国的经济得到快速增长，而在高速发展的同时，有关我国对外贸易的经济利益纠纷也越来越多。同时，中国的崛起对美国构成的挑战和压力越来越大，我国及其他新兴国家的高新科技领域的创新发展，正逐渐改变美国在核心技术和网络上的控制地位。因此，打着“贸易保护主义旗帜”的中美贸易战便拉开序幕。随着中美矛盾冲突升级，美国从最初通过加征关税的方式对我国的出口商品进行技术打压，转变成现在对我国企业进行制裁的方式打击我国的出口贸易。中兴公司被制裁凸显了我国在信息通信核心技术领域仍然受制于人的现状，这意味着在当前国际背景下，关键技术的技术自主权直接关系到一个企业的生存和产业安全。

第二，改革开放初期，我国可以学习国外先进技术，将其引进并再创新，但进入新时代，一般技术便很难被引进，核心技术受制于人是我国发展最大的隐患。中兴事件的发生告诉我们，核心技术是买不来、要不来、讨不来的。所以，要想实现技术安全可控，必须保证关键技术的国产化。

第三，重视科技安全和信息安全已成为我国的重大紧迫需要。针对我国在关键技术和高端设备上仍受制于人的现实状况，我们必须在核心技术开发上有所突破，加强顶层设计，以企业为主体，以市场为导向，用科学的体制机制，将芯片技术、操作系统等核心技术掌握在自己手中，这样才能逐渐缩小与发达国家的技术差距，彻底打破美国技术封锁，构建安全可控的信息技术体系。

三、对策建议

（一）基本结论

我国高新技术企业目前尚处于起步阶段，无论从我国发展要求的客观角度还是从发挥我国制度优越性角度来说，我国都需要扶持科技产业的发展。从中兴的案例中，可以得出我国科技产业发展的三个要点。

1. 坚持对外开放战略

当今世界市场上的产业链已不再相互独立，而是各个产业链相互关联，各种技术相互促进，形成矩阵态势，这种现象在高新技术产业中更为明显。如今的科技产业细分行业繁多、涉及技术广泛、相互关系复杂，因此在促进全球贸易的同时，产业链中的技术产业相互联系，各国企业合作发展，已成为一种趋势。对于我国的科技企业来说，要想在未来的市场竞争中占有一席之地，就必须加入全球产业矩阵，提高产品质量，提高在多边竞争中的谈判能力，最终达到扩大经济规模、提升地位的目的。

在科技产业全球化的背景下，独自生产发展是不可取的。即使我国的科技产业起步晚于发达国家，也必须保持对外开放，使我国科技企业能够在全球产业矩阵中进行整合和交流，这同时也能提高本土产品与世界同类产品的竞争能力，以维护世界市场和消费水平。

2. 高举“倡导合作交流”的旗帜

针对美国的反全球化实践，中国应保持“倡导合作交流，反对封闭对抗”的旗帜，采取深入合作与协作互动的明确立场。中国的高新技术企业、高等院校，特别是被美国制裁的高新技术企业，应该站在促进全人类发展的角度，通过不同的方式方法促进与国际同行的合作与交流，反对封闭对抗的开放式创新理念，倡导科技无国界，教育无国界，反对美国破坏科技和教育合作的各种做法；我们要更好地阐述自己的高新技术发展政策，回应国际社会对我国高新技术产业发展的关心，在道义上争取国际社会的理解、认可和广泛支持。

3. 实施更为开放的国际科技包容战略

实施更加开放包容的国际科技合作战略，寻求更多支持。要以全球视野谋划和推动创新，最大限度地利用全球创新资源，全面提升我国在全球创新模式中的地位，努力成为重点领域的领军者和重要规则的参与者。要努力扩大国际间的民间科技合作与交流，充分依托高校联盟、合作办学等民间合作关系，深化多层次的科技合作与交流。我们必须践行“一带一路”的倡议，选择与印度、印度尼西亚、越南、哈萨克斯坦、巴基斯坦等与中国经济互补性强、科技基础好、安全水平高的国家作为合作的重点目标，深化合作，促进双方优势学科的互补交流。

我们必须支持企业在全球布局与核心技术有关的创新网络，推动在海外建立研发中心，按照国际规则并购、合资、参股国外创新型企业和研发机构。在生命科学、能源、化学等领域，我们要将对国际创新资源的利用面向全球科技前沿，面向全球科学家，为某些领域的重要国际科学问题制定新规则。

（二）主要建议

1. 树立战略思维，增强风险意识

第一，做到5个坚持，打好防范和抵御风险攻坚战。思危所以求安，虑退所以能进。当前我国形势总体是好的，我国发展仍处于并将长期处于重要战略机遇期，但前进的道路上面临的困难和风险也不少。越是取得成绩的时候，越要有如履薄冰的谨慎，越要有居安思危的忧患意识。当下的国家安全内涵和外延比历史上任何时候都要丰富，时空领域比历史上任何时候都要宽广，内外因素比历史上任何时候都要复杂，因而必须坚持总体的国家安全观。习近平总书记此次虽然阐明了重点领域需要着力防范化解的重大风险，强调了总体的国家安全观，但目前而言，避免化解经济领域可能出现的重大风险是根本性问题且具有全局性意义。

因此，要做到5个坚持：坚持问题导向，聚焦重大需求，着力解决国家安全重大科技问题；坚持超前部署，积极主动防范，下好先手棋，夺得战略主动权；坚持自主创新，以发展保安全，以创新促发展；坚持深化改革，促进军民科技深度融合和开放合作，用好国际国内资源，在开放中保安全；坚持防患于未然，对科技风险做到早研判，有预案，及时有效应对。

第二，强化技术主体责任意识。在现代社会，风险无处不在，特别是高新技术的兴起致使科技领域有许多潜在的风险。除了其高度的不确定性、复杂性等因素，技术主体责任意识的缺失也是导致技术风险出现的重要因素。因此，技术主体不仅要强化技术研发和实验过程中的责任感，而且要积极履行技术推广和研发过程中的相关责任。要

增强技术主体的责任意识，技术工人必须自觉承担责任。对他人和社会采取负责任的态度，在技术研发过程中仔细审查可能出现的负面影响，确保为风险监测提供全面、准确、透明的信息。在新技术研发过程中，要保持较高的风险敏感性，不断提高风险预测、评估和抵御能力，加强风险信息交流机制，时刻警惕并积极预测新兴技术可能产生的负面影响，及时、准确地向社会公布在不断发展的技术中发现的风险，并如实向社会公布在不断发展的技术活动中尚未被发现并可能产生长期危害的风险信息。

第三，提高社会整体风险意识。由于新兴技术处于发展过程中、相关领域研究缺乏及尚未商业化的事实，公众普遍缺乏对新兴技术的理解，并且这种理解大多是模糊和不精确的，知识获取的速度远远落后于技术知识的更新和变化。这不仅导致公众对技术的社会风险的无知和漠视，也导致公众对技术专家“权威”观点的盲目服从，很少质疑这些观点的真实性，而这种欺骗可能会造成公众切身利益的损失。因此，必须提高公众的风险意识。这就需要政府不断拓宽公众获取技术信息的渠道，加强科学普及和发展的力度，增加公众对新技术的使用和对潜在风险的了解。

2. 加大研发投入，完善技术设计缺陷

第一，加大研发投入，全力支持创新研究工作。要想把核心技术和关键产品牢牢把握在自己手中，就要加大基础研究经费支出，瞄准世界前瞻性技术，扎实开展基础研究工作，实现原创成果的重大突破。另外，在创新产业政策方面，要统筹考虑国际政治关系的不确定性对各行业、各产业的综合影响，发挥我国集中力量办大事的制度优势，系统制定指导性政策，推动我国核心技术领域的高质量创新发展。

建立基础研究长效机制，逐步提高基础研究经费在研发经费中的比重，突出“从 0 到 1”的原创导向，加强基础研究和应用基础研究的前瞻性运用，研究非共识项目评价机制，大力推进创新技术关键科学问题研究。要针对我国先进制造业、实体经济发展中面临的关键核心技术瓶颈问题，着力构建核心技术协同攻关机制，以企业为主体，以资本为纽带，以产业创新联盟建设为载体，汇聚创新资源要素，形成推动关键核心技术突破的强大合力，培育一批核心技术能力突出、集成创新能力强的创新引擎企业。

第二，鼓励自主创新，补齐关键领域核心技术短板。把握好新一轮科技革命带来的机遇，把优势资源积聚到重点领域，集中力量寻求对关系到国家安全和产业命脉的“卡脖子”技术的突破，力求关键核心技术的突破，改变关键技术受制于人的局面。聚焦关系国家安全、经济安全、产业安全及制约经济高质量发展的关键问题，加快启动一批示范攻关项目，集成优势创新资源、科研精锐力量展开攻关。加快完善目标导向的任务形成机制，综合运用定向委托、定向择优、面向社会公开张榜等多种方式，选择优势研发团队，完善并行支持机制和多元化项目资助方式，加强里程碑关键节点考核。

3. 完善国家创新体系建设，提高创新能力

第一，发挥政府领导作用，完善研发创新体系。要充分发挥政府的领导作用，吸引投资者进入重点领域的上下游环节，加快构建完整的产业链，逐步推动产业链的发展壮大和向高端环节的崛起。同时，优化科研支出结构，增加需求导向型基础研究，强化基础研究在创新中的支撑作用。要提高创新能力，必须在国家实验室的领导下，为自主创新创造坚实的物质和技术基础，加快创建创新基础平台。国家实验室在国家创新体系中处于中心和主导地位，在相关领域代表着国家最高水平，能够解决重大问题。要掌握世界其他实验室在使命定位、规划布局、研究领域、目标任务、治理结构、运行机制等方面的发展规律，形成符合国家特点和基本运行规律的体系和运行机制来研究建立实验室，努力克服和解决现有研究机构分散、封闭、交叉、重复工作的体制性障碍。要解决科研不集中、创新课题功能定位不明确的问题，建立权责分明的新体制、新机制，开放合作、高效运作，进一步强化国家实验室创新基地平台市场的领先地位。

健全激励创新研发机制，健全知识产权保护制度，完善创新研发促进机制。完善知识产权保护制度，切实保护人民创新创业知识产权，打击各类侵犯知识产权行为；加大对研发人员的激励力度，完善高新技术人员薪酬制度，提高科研人员待遇水平，提高研发人员工作积极性；充分发挥金融促进创新的作用，设立投资基金支持高新技术企业，加快发展银行技术信用风险补偿、专利索赔等公司，提高企业研发的积极性。

第二，强化科技安全基础设施建设，夯实创新基础。促进本地区重大科学仪器、科技资源、科技文献、科学数据等重要科技平台的对外开放和交流。推进国家大型科研基础设施建设，为加强科技安全能力建设提供有力支持。可以尝试以联盟的形式积极融入全球科技创新网络，鼓励中国科学家发起和组织国际大型科学计划和重大科学研究项目，发起科技创新联盟，以国际合作为契机，为“一带一路”沿线国家建设服务。提高核心部件、先进基础工艺、主要原材料和工业核心技术的基础能力，提高航天、通信、金融等重点领域科技成果的推广应用能力，加快交通、电力建设，确保重点行业和重点区域安全可控。

建立完善的科技金融体系以促进创新。建议从政策层面鼓励企业直接投入前沿基础研究和关键技术研发，采用更加灵活的企业融资方式来刺激创新。同时，为保证公司的积极性，应制定服务转让、参股资本等多种形式的相关方服务分配机制，充分开拓技术市场和资本市场，加快科技成果转化。

第三，重视前瞻部署，掌握科技布局主动权。全国政协委员陈左宁院士指出，在全球科技创新加速的趋势下，中国需要超前谋划部署，整合国家创新资源，通过自主创新之路补齐短板，实现网络信息等重要领域核心技术的自主可控。面向世界未来科技发展前沿，重视原始性专业基础理论突破，保证基础性、系统性、前沿性技术研究和技术研发持续推进，强化自主创新的源头供给，深耕基础研究，提高原始创新能力。重点加强体现新科技革命发展趋势和国家需求的基础研究，促进跨学科、跨领域的优势研究力量集成，力争在更多领域引领世界科技发展的方向。

第五章　防范化解走向国际市场的政治风险

走向国际市场的政治风险，是科技领域重大风险的重要类型。在科技战略布局或企业在寻求海外市场过程中，由于国际目标市场国家或东道国政治社会状况、国家政策法律体系发展的不确定性，一个国家会面临各种各样的政治风险。经过 30 年的海外发展，中国经济快速崛起并成为世界贸易大国，广泛地融入了全球产业分工体系。在走向国际市场的过程中，我国不可避免地会遇到一系列的政治风险。华为科技遭各国打压事件，就是一个典型的事例。本章介绍了在科技战略布局或企业在寻求海外市场过程中政治风险的基本情况，并以华为科技遭各国打压事件为例，介绍走向国际市场的政治风险的基本特点及其防范化解策略。

一、概述

（一）走向国际市场政治风险的内涵和特征

随着科技革命和科技全球化的深入发展，国家之间、国家与市场之间、国际企业之间围绕科技创新的竞争越发激烈，科技领域风险成为国家风险的重要来源。第四次工业革命加速催生的新技术、新产业正在引领经济社会发展的方向，重塑全球经济格局。在此过程中，科技领域重大风险在未来较长时期内对经济社会将产生重要影响。2019年10月24日，习近平总书记在主持中央政治局就区块链技术发展现状和趋势进行第十八次集体学习时强调："要探索建立适应区块链技术机制的安全保障体系，引导和推动区块链开发者、平台运营者加强行业自律、落实安全责任。要把依法治网落实到区块链管理中，推动区块链安全有序发展。"①

科技重大风险是指现代科技发展引发的不利后果的可能性，以及人们对该风险的认知程度。从风险源来看，科技风险来源于科技领域重大技术突破，如大规模工业技术迭代对环境带来的风险，人类基因编辑技术、人工智能技术引发的伦理风险；从表现形式来看，有数据风险、隐私风险、伦理风险，治理结构和范式的变革等；从风险认知程度来看，难以像交通、煤矿事故类风险通过计量模型进行预测，在认知程度和风险的可接受程度上有较大不确定性；从结果来看，是指对人类生命安全或国家安全产生重大影响。近年来，在一些重要的技术领域，如高铁、5G技术等，我国已经实现从"跟跑"向"并跑""领跑"的跨越，以美国为首的西方国家惯用政治手段加大对我国企业的技术管制和封锁。因此，走向国际市场的政治风险已经成为我国科技重大风险的重要类型。

何为政治风险？就科技领域而言，走向国际市场的政治风险指国家在科技战略布局或者企业在寻求海外市场过程中，所面临的由于国际目标市场国家或者东道国政治社会状况，以及国家政策和法律体系发展的不确定性带来的风险。具体而言，包含两个方面：一是东道主的政治不确定性，如政局不稳、战争骚乱、恐怖袭击等内生性风险；二是东道主国家的政策与法律体系不确定性，如增加特别法案、条款

① 《把区块链作为核心技术自主创新重要突破口 加快推动区块链技术和产业创新发展》，《人民日报》2019年10月26日。

或行政令对外国企业实施的经济制裁、直接干预与遏制等行为，惯用的手段如出口技术管制、外汇限制等。

与一般科技风险不同，走向国际市场政治风险包含双重不确定性的挑战，一是科技自身属性带来的挑战，这种不确定性通常可被控制在技术范式中，可通过未雨绸缪为原则的风险评估和政策制定予以管理。二是东道主国家政治风险带来的挑战，这些风险一般是东道主国家的单边行为所致，影响大、破坏性强，往往通过对话、谈判、利益交换的方式来解决。这里所指的“走向国际市场的政治风险”，仅限因东道主国家的政策与法律体系不确定性带来的风险，具体有如下特征。

第一，有明确的政治意图。东道主国家所实施一切干预、封锁、控制行为的背后逻辑是打压外国科技型企业的发展，形成本国关键技术和核心产业的国际垄断权及国际规则的制定权，进一步巩固其在世界科技领域的霸主地位和国家利益。

第二，以法律形式付诸实施。东道主国家所实施的政治审查、歧视、限制等行为往往被披上“合法性”外衣，如外国科技企业违反知识产权、窃取商业机密或者损害本国公民权益，甚至不惜以国家安全、国家进入紧急状态为由挑起争端。最终以专门立法、特别行政命令或者司法诉讼的形式付诸实践。

第三，具有跨地域性和风险联动性特征。东道主国发起干预或制裁行为往往具有跨国性，以利益绑架、威胁等方式煽动其盟国采取相同政策形成对外国科技企业的封锁圈，同时引发在国际贸易、外汇限制、技术管制等当中的一系列风险。

第四，具有较大的不可控性。基于上述特征，受干预或者制裁的外国科技企业难以与之形成对抗并对结果有控制力，将对企业技术发展进程和经济效益造成重大挫伤。

（二）外国科技企业走向国际市场政治风险的发展历程

美国著名政治经济学家林德布洛姆说过：“在世界上所有的政治制

度中，大部分的政治是经济性的，而大部分经济亦是政治性的。”① 走向国际市场政治风险与海外直接投资特别是跨国企业海外发展密不可分。在此过程中，世界经济快速融合，资金、技术、信息、产品、人员之间的流动日益频繁，不可避免地引发国家间的竞争，随之而来的便是政治约束和风险。根据跨国公司发展规模、经济一体化和竞争程度不同，走向国际市场政治风险大致可被划分为以下几个阶段。

1. 稳定期（20 世纪 40 年代至 60 年代）

二战前后，美国在运输、通信、电子计算机、人工合成材料、航天技术等科技领域取得了不菲成绩和迅猛发展，利用战争期间军事采购和军事援助获得了东道国的信任和支持，为美国跨国公司全球扩张打开局面，在关税及贸易总协定（GATTA）签订后迅速成为制定全球经济规则的世界强国。

而这一时期，东道国需要通过外国技术和资金支持以恢复国内经济秩序，且跨国公司及其海外投资的总体规模并不大，没有专门法律和政策体系，跨国公司所面对的政治风险相对平稳。

2. 冲突期（20 世纪 70 年代至 90 年代）

以信息技术革命为中心的高科技发展迅猛，科技作为要素投入生产过程，对各国产业结构、布局和对外政策产生重要影响，以科技为主的综合国力竞争日益激烈。美、日、欧洲主要国家科技企业纷纷在境外设立分支机构、销售网络、研发中心，资本、技术和管理组合推广到全球，形成新的生产、交换、分配和消费系统。

在这一时期，美国在全球经济格局中进一步巩固了自身主导地位，跨国公司在国际直接投资中占据主导地位。考虑到国际收支平衡问题，美国开始控制海外投资放缓资本输出，而东道国出于政治和经济主权风险考虑，对跨国公司的政治和经济控制逐渐加强，政治风险相应增

① 查尔斯·林德布洛姆著：《政治与市场：世界的政治—经济制度》，王逸舟译，上海人民出版社 1994 年版，第 9 页。

加。东道国与母国之间冲突不断，如经济全球主义与民族主义、国家主义之间的矛盾，意识形态和民族特性之间的冲突，地缘经济利益之间的矛盾等。

3. 调整期（20 世纪末至 21 世纪第一个十年）

在全球化浪潮席卷和关贸总协定的支撑下，世界各国开始放松管制，扩大商品生产和流动，投资自由化趋势逐渐加强。这一趋势从农产品、服务加工等传统行业拓展到高科技领域及相关知识产权和技术标准认定环节。国际市场竞争格局开始发生重要变化，一些新兴发展中国家如巴西、印度等开始参与美日欧为主的国际市场竞争，对美国长期推行的“霸权主义”形成一定威胁。

同一时期，我国的贸易政策向“走出去”战略方向迈进，我国科技企业开始走出国门参与国际市场竞争。加入世界贸易组织后，我国经济发展水平和国际地位迅速提升。以美国为首的西方国家开始采取遏制我国科技发展的行动。

4. 激化期（21 世纪第二个十年至今）

新的竞争格局和态势必然酝酿了新一轮政治管控和政治风险。在不同类型科技风险的裹挟和国家利益驱动下，政府对国家安全偏好超越市场自由偏好，使得在国家权力机构与市场机制较量过程中跨国公司的政治风险明显增加。

这一时期东道国更倾向于采取各种干预、限制、控制措施避免科技跨国公司对本国产业、技术产生影响，倾向于以国家安全为由发布国家紧急状态和行政命令，保全本国既有利益不受影响。

（三）我国科技企业走向国际市场政治风险的基本情况

1. 国内科技企业走向国际市场的历史选择

经济全球化趋势下“走出去”发展战略成为国家的重要选择，企业会通过对外直接投资进入国际市场，参与国际竞争与合作，促进本国经济快速、持续和协调发展。1992 年党的十四大报告提出：“积极地扩大我国企业的对外投资和跨国经营。”1997 年党的十五大报告第一次明确提出，“更好地利用国内国外两个市场、两种资源”。20 世纪 90 年代中后期，中国企业开始跃跃欲试进入国际市场。2000 年 10 月，中共第十五届五中全会通过的《中共中央关于制定国民经济和社会发展第十个五年计划的建议》提出，“应进一步扩大经济技术合作的领域、途径和方式”。2002 年党的十六大正式确立了“走出去”国家战略，并通过一列政策引导和扶持，鼓励中国企业走向世界。2007 年，党的十七大进一步指出：“创新对外投资方式，支持企业在研发、生产和销售等方面开展国际化经营。”国内科技企业开始在国际舞台崭露头角。

中国科技企业“走出去”战略与国家科技发展战略布局密不可分。科技政策及战略布局的目标在于应对世界新技术革命的挑战，发展科学技术，通过自主创新服务经济建设。1985 年，国家发布了《中共中央关于科学技术体制改革的决定》。1986 年，国务院批准了《国家高技术研究发展计划》（简称“863 计划”）确立生物科技、航天技术、信息技术、激光技术、自动化技术、能源技术、新材料技术 7 个领域作为国家未来高技术研究和发展的重点，要求重点突破，瞄准世界前沿，追赶世界水平。1988 年，国家科学技术委员会启动中国高新技术产业的指导性计划（简称“火炬计划”），提出“以市场为导向，促进高新技术成果商品化、高新技术商品产业化和高新技术产业国际化”。2006 年出台的《国家中长期科学和技术发展规划纲要（2006—2020 年）》确立了“自主创新、重点跨越、支撑发展、引领未来”的自主创新发展战略和建设创新型国家的战略决策。在国家“十一五”规划纲要中进一步指出“扩大技术输出和技术转移，通过合作研究、技术培训、科技援助等方式，推动高新技术及其产品出口，鼓励研发机构和科技型企业实施走出去战略，充分利用全球科技资源”。

伴随中国科技体制改革、高新技术产业布局等一系列举措，中国高新技术企业取得飞速发展，在信息通信、船舶工业、轨道交通、装备制造等领域的关键技术上取得了较大突破，在国际市场上逐渐崭露头角，海外直接投资的规模和市场占有率大幅度提升，有的行业已经形成比较优势，对行业技术标准制定和国际贸易规则的话语权日渐提升。

2. 我国企业海外投资的情况

改革开放以来，中国政府的海外直接投资政策逐渐从“严格控制”转向“相对宽松”。在此过程中，中国高科技企业也迅速成为国际经济舞台中的重要力量。整体来看，中国企业在海外投资领域、投资规模、投资方式等方面都发生了翻天覆地的变化。

从海外投资主体和行业领域来看。2002 年以前，走向国家市场的企业大多为设备和技术上有比较优势的机电行业和轻工服装行业的国有企业。尽管以中兴通讯、华为科技为代表的高科技企业已开始寻求海外市场，但尚未形成规模。2002 年后，中国海外投资进入新的发展阶段，投资主体和行业领域相对多元。商务部《2003 年度中国对外直接投资统计公报》显示，2003 年国有企业海外投资占比 43%，有限责任公司占比 22%、股份有限公司占比 11%、私营企业占比 10%；从累计海外直接投资净额情况看，信息传输、计算机服务和软件业存量占比 33%、批发及零售业占比 20%、采矿业占比 18%、制造业占比 6%。此后十多年时间，海外投资主体和行业领域持续保持多元化，2018 年年底共有 2.7 万家中国企业在境外设立对外直接投资企业，涉及 18 个行业。

从海外投资规模来看。2002—2018 年，中国对外投资的年均增长速度高达 28.2%。根据 2003 年中国对外直接投资统计公报数据显示，2003 年中国对外直接投资总额为 29 亿美元，累计投资总额为 334 亿美元，中国对外投资分别相当于全球对外直接投资流量、存量的

0.45%和0.48%。此时，以中兴、华为、海尔、康佳、联想等为代表的国内知名科技型企业，已纷纷在境外投资办厂，建立企业研发和销售网络。2004年，华为公司产品、研发和销售网络遍布世界各国，其海外销售收入突破20亿美元。[①] 据《2018年度中国对外直接投资统计公报》显示，截至2018年年底，中国对外直接投资存量接近2万亿美元，中国对外投资分别相当于全球对外直接投资流量、存量的14.1%和6.4%。其中信息传输/软件和信息技术服务业对外投资为1 935亿美元，占比9.8%；制造业对外投资为1 823亿美元，占比9.2%，主要分布在计算机通信制造、汽车制造等行业。

从海外投资方式来看，在国家“走出去”战略的驱动下，我国企业走向国际市场主要通过海外直接投资、对外承包工程、对外劳务合作等方式进行。直接投资方式也相对多元，包括货币投资、实物投资、跨国并购等。在发展中国家的投资方式以“绿地投资”即新建企业为主；在发达国家主要采取并购方式，通过兼并收购海外有良好品牌、客户资源和专利技术但处于经营困难的企业，获取先进技术。我国企业对外投资并购节奏稳定，行业结构区域分布较好。以2018年为例，制造业并购总额占当年对外直接投资总额的44.3%，主要流向汽车制造，计算机、通信及其他电子设备制造，分别为43亿美元和23.7亿美元。

3. 我国企业走向国际市场面临的新挑战

经过30年的海外发展，我国经济快速崛起并成为世界贸易大国。我国的科技实力明显增强，计算机、通信及其电子设备制造业领域的科技企业在国际市场份额显著增加，广泛地融入了全球产业分工体系。2016年国家提出“中国制造2025”，大力发展先进制造业，重点支持智能制造、新一代信息技术、新能源汽车等十大高新技术和战略性产

① 参见刘启诚：《华为在海外为什么会成功》，《通信世界》2004年第7期。

业，通过发展高科技产业提升我国国际竞争力，跻身经济强国行列。

近年来，随着我国经济、科技势力的不断增强，以及我国政府在重点产业的布局，美国担心其在高新技术领域拥有的技术优势受到严峻挑战。美国贸易代表曾表示：中国政府通过“中国制造 2025”来破坏美国的高科技产业和经济领导力，我们必须采取强有力的防御行动，以保护美国在技术和创新方面的领导力。世界两大贸易主体间经贸关系的竞争性和冲突性持续增强，中国企业面临的政治风险显著增加。2018 年来，中美经贸问题尤为突出。美国在“美国优先”的国家战略支配下实行单边主义、保护主义和经济霸权主义，以产业损害和知识产权保护为由，利用其国内立法手段挑起国际贸易摩擦；频繁对中国科技企业特别是半导体行业企业发起“301 条款”调查，企图阻止“中国制造 2025”政策推进，破坏中国产业升级；滥用“国家安全审查”制度，以“危害国家安全”为由阻碍中美正常贸易活动。①

二、典型事例：华为科技遭各国打压事件

（一）事件回放

2019 年 5 月 15 日，美国总统特朗普宣布美国进入“国家紧急状态”并签署一项行政令赋予美国商务部长否决他国政府或个人购买美国技术或服务的权力，认为外国政府有可能利用信息与和通信技术行业漏洞获取美国的敏感信息。美国商务部迅速将华为及其全球 70 家子公司全部纳入美国出口管制（EAR）的“实体清单”（entity list），这意味着任何企业须获得美国政府许可才能向华为出售或者转让美国技术。这一行政令对华为运营商业务、消费者业务和华为云企业业务三

① 参见王浩：《特朗普政府对话战略调整的双重逻辑及其互动》，《世界经济与政治》2018 年第 3 期。

大业务集群将产生巨大影响，特别是上游的核心芯片、元器件、个人终端操作系统、应用服务等。

5月16日，出口管制令正式生效。2020年5月20日，美国商务部工业与安全局颁发了为期90天的“临时通用许可证”（TGL），为依赖华为设备提供关键服务的美国和外国电信供应商提供必要准备时间，强调在TGL范围之外，任何出口、再出口或在国内转让受EAR管辖的物项，都必须在国际清算银行推定拒绝的情况下进行审查后颁发许可证。

出口管制令在全球范围内引发信息和通信技术（ICT）行业剧烈震荡。谷歌、高通、英特尔、微软、博通（Broadcom）等美国公司相继停止向华为出售美国产品、软件和服务。5月20日，安卓系统母公司谷歌暂停对华为安卓手机的服务。日本两大通信运营商软银和KDDI宣布延迟发布华为手机。英国主流通信运营商EE和沃达丰（Vodafone）相继停售华为手机，英国芯片设计商ARM公司对华为手机断供。德国英飞凌、日本东芝等企业开展排查，对于美国技术高于总价值25%的产品纳入美国出口管制范围，暂停与华为合作。美国以网络安全为由鼓励其他伙伴国家禁止使用华为公司提供的设备，遍布全球170个国家和地区的华为客户和供应商遭到美国政府全面围堵，华为销售和供应链网络随之被切断。

事件进一步发酵，一些国际标准组织和学术机构加入封杀华为的行列。5月26日，SD协会（SDA）、外围部件互连专业组织（PCI-SIG）、国际固态技术协会（JEDEC）三大标准组织将华为公司从会员名单中移除，这意味着华为无法继续在其设备中提供相关标准的产品。2019年5月29日，全球顶级技术学会国际电气电子工程师协会（简称“IEEE协会”）公开对华为员工在出版物同行评议和编辑等方面进行限制。由于遭到IEEE会员和中国学者集体抗议，6月3日，IEEE协会解除了对华为员工的限制，其他技术联盟也逐渐恢复华为的会员资格。

面对呼啸而来的出口管制、技术封锁及司法控诉，华为公司积极稳定供应商、清查受管制产品清单、迅速调整全球市场计划，公开自主研发“备胎”产品信息，并发表一系列声明回应美国政府。美国本土因管制令受到较大范围的影响，美国科技股普遍下跌，美国企业向特朗普政府发出警告，禁令将使美国未来5年损失近600亿美元的出口销售额，危及7.4万个就业岗位，同时这将迫使中国发展出更独立的供应链，美国企业将因此遭遇重创。美国半导体行业协会总裁呼吁政府放宽对华为的限制。美国彭博社、哥伦比亚广播公司，英国《金融时报》《卫报》等主流媒体纷纷抨击该禁令。

迫于企业和媒体压力，6月29日，美国政府表示，美国企业可以继续向华为出售部分产品。自2019年5月20日美国商务部首度发布“临时通用许可证”以来，至今已经第五次延长华为临时许可证。

（二）事件发端

回溯历史不难发现，有关华为的“安全威胁论”与华为公司在海外市场快速崛起相伴而生。2003年美国摩托罗拉公司收购华为未果，便开启了华为与美国长达近20年的“恩恩怨怨”。2008年，华为联合贝恩资本收购美国3Com公司，因美国国家安全审核被否决，华为参与的美国商业竞购或竞标行为也屡次因安全监管部门的审查等因素最终未能成功。

美国企业多次以网络安全漏洞、窃取商业机密、知识产权侵权、违反美国对伊朗制裁等为由起诉华为公司。例如，2012年，美国国会曾就华为、中兴公司是否存在不公平竞争以及其与中国政府的关系举办听证会并开展调查，在没有充分证据的情况下，认定两家公司对美国国家安全造成威胁，要求美国公司和机构停止使用华为设备。尽管华为公司一再表示，华为产品从处理器到存储器的设计和生产均符合信息安全和隐私保护的世界标准，但美国政府从未减少对华为的指控。

2018 年 6 月，美国商务部禁止华为在美国的芯片子公司 Futurewei 将技术出口到中国。2018 年 8 月，美国政府通过酝酿已久的 2019 国防授权法案第 889 条禁止政府部门使用华为设备。2018 年 12 月 1 日，应美国政府要求，华为公司 CFO 孟晚舟在过境温哥华时被加拿大警方逮捕。12 月 5 日，美国以华为公司涉嫌违反美国对伊朗的贸易裁定为由，要求加拿大方将孟晚舟引渡至美国，加拿大于 12 月 11 日做出裁决批准孟晚舟的保释申请。2019 年 1 月 16 日和 24 日，美国司法部对华为及其关联公司两次提起刑事诉讼，涉及多项指控，包括涉嫌窃取 T-mobile 商业机密、银行欺诈、远程操控欺诈、与伊朗的交易违反美国《国际经济权力法案》、妨碍司法公正等。2019 年 1 月 29 日，美国司法部正式向加拿大提出引渡孟晚舟的请求。2019 年 3 月 7 日，华为公司起诉美国政府，指控美国 2019 国防授权法案第 889 条违反美国宪法。

华为在 5G 技术领域的突飞猛进是全球有目共睹的，这引发了美国军方的担忧。华为自 2009 年着手 5G 研发和技术标准制定，累计投入 20 亿美元用于 5G 技术与产品研发，从芯片、产品到系统组网全面领先世界其他公司，是全球唯一一家提供 5G 商用解决方案的通信企业。欧洲电信标准化协会（ETSI）数据显示，截至 2018 年 12 月 28 日，华为拥有 5G 标准专利 1 970 项，占比 17%，其他主要竞争对手分别来自欧洲和美国，其中高通拥有专利占比 10%。2018 年，华为与全球 182 家运营商开展 5G 测试，5G 基站出货量达 4 万多个。2018 年华为在美国的采购额高达 110 亿美元。

2019 年 4 月 3 日，美国国防创新委员会（Defense Innovation Board）发布了《5G 生态系统：国防部的风险和机遇》，报告认为以华为为代表的中国电信设备企业在全球市场份额和影响力方面的迅速扩大，将从根本上改变美国国防部运作的环境。该报告发出警示：一旦中国企业成为 5G 基础设施的全球领导者，将使美国国防部网络系统包括海外系统面临安全漏洞、嵌入后门、信息监控、情报推送在内的巨大风险。报告建议美国政府加快 Sub-6GHz 频段的部署以塑造未来以美国为主导的 5G 生态系统，通过调整贸易战略来应对可能将国家安全资产和使命置于威胁中的供应链漏洞，同时鼓励伙伴国家保护自己的供应链，拒绝中国国有企业的 5G 产品。美国国务卿蓬佩奥甚至称未来的 5G 系统必须带有“西方价值观”。

美国针对高科技企业的出口管制政策由来已久，但对不同国家的限制和处罚力度不同。2017 年和 2018 年，美国以违反出口管制对中国另一家科技企业中兴公司两次罚款合计 25.9 亿美元，超过美国商务部工业安全署过去 5 年对其他企业开出的罚单总和。出台出口管制令的目的不只是禁止华为产品在美国本土销售，而是以“推定拒绝”的准则限制美国以外地区使用华为设备。其试图通过打压中国高新技术产业发展，巩固美国在高科技领域的全球领先地位和垄断地位，以及全球经济贸易规则的制定权。

（三）应对过程

1. 国家应对

对华为等高科技出口管制是美国在中美贸易战从“全面进攻”转向“精准打击”的一次重要战术调整。即通过重点打击中国高新技术企业产品结构、产业链、供应链中的要害部位，企图打垮中国科技企业在国际市场中的竞争优势，同时为正在进行的中美贸易磋商获得谈判筹码。

2018 年 9 月 24 日，中国政府发布了《关于中美经贸摩擦的事实与中方立场》白皮书，向世界陈述中美经贸关系、美国贸易霸凌主义的事实及其对世界经济发展的危害。白皮书指出：美国政府通过发布《对华 301 调查》等方式，对中国作出“经济侵略”“盗窃知识产权”等一系列污名化指责，严重歪曲了中美经贸关系事实。报告认为，美国对华高技术产品出口管制是造成中美货物贸易差额的重要原因之一。报告指出，中国企业是美国滥用国家安全审查的主要受害者之一，美国通过各种手段将经贸问题政治化。报告最后阐述了中方坚定维护国家尊严和核心利益、推进中美经贸关系健康发展、坚定保护产权和知识产权等一贯立场。

针对孟晚舟事件、美国出口管制令、华为临时许可证、华为起诉美国政府等事件，外交部、商务部、工业和信息化部等部门在不同场合表明中方立场。

2019 年 1 月 25 日晚，在即将结束法国、意大利之行之际，国务委员兼外交部部长王毅接受记者采访。在谈到华为事件时，王毅说，这件事情的是非曲直是非常清楚的，在没有任何证据的情况下，动用国家力量来抹黑和打击特定企业，这种做法既不公正，也不道德。尤其是考虑到其背后显而易见的政治意图和政治操作，更是不能接受。

在 2019 年 1 月 29 日国务院新闻办举办的新闻发布会上，针对如何看待“孟晚舟事件”以及该事件是否会影响到 5G 在中国的应用，工信部信息通信发展司司长闻库回应称：我国外交部已经就华为事件多次表明立场。正像外交部所说，在没有任何证据的情况下，动用国家力量来抹黑和打击特定的企业，这种做法既不公正，也不道德。作为行业主管部门，我们一贯鼓励中国企业按照市场原则和国际规则，在遵守当地法律的基础上，开展对外经济合作。同时，我们也希望有关国家能为中国的企业在当地的正常经营，包括与当地公司正常合作提供公平、公正、可预期的环境。①

2019 年 3 月 8 日，王毅在第十三届全国人大二次会议新闻记者会上针对孟晚舟事件提问时表示，这是蓄意的政治打压，支持相关企业

① 参见《国新办举行 2018 年工业通信业发展情况新闻发布会》，国务院新闻办官方网站，http：//www.scio.gov.cn/xwfbh/xwbfbh/wqfbh/39595/39765/index.htm。

和个人拿起法律武器来维护自身权益。[①]

2019 年 5 月 16 日，商务部针对美国将华为列入出口管制实体名单做出回应："中方一贯要求中国企业认真严格执行国家出口管制相关法律法规，履行出口管制国际义务，在海外经营过程中，遵守相关国家的法律政策，合法合规开展经营。我们坚决反对任何国家根据自己的国内法对中国的实体实施单边制裁，也反对泛化国家安全概念、滥用出口管制措施。"[②]

2019 年 6 月 6 日，工信部正式发放 5G 牌照，中国正式迈进第五代移动通信时代。华为在第一时间发布《华为全力支持中国运营商建好中国 5G》。

中国政府持续关注华为事件的进展。2020 年 4 月 2 日，美国政府拟对华为采取新限制措施，外交部发言人华春莹表示："我们坚决反对美国动用国家力量，以莫须有的罪名无端地去打压特定的中国的企业。那么对于美方的这种科技霸凌主义，中国政府绝不会坐视不理。"[③]

2. 企业应对

（1）企业自救。自孟晚舟被捕后，华为高层敏锐察觉到海外政治风险，为应对外部不确定性，华为积极展开自救行动。一方面，加快产品备货和库存，大批购买全球市场内存条、美国物料、日本零部件、关键元器件等。另一方面，对全球范围供应商开展摸底核查，确认他们提供的产品是否受美国出口管制影响并快速调整采购计划。同时，试图寻找上游可替代产品，广泛与国内半导体企业接触，包括在华为手机、基站等设备中广泛引用的半导体产品，如核心芯片、元器件。截至 2019 年 6 月 26 日，华为在全球签订 50 个 5G 商业合同，发布 15

---

① 参见《就中国外交政策和对外关系答中外记者问》，《人民日报》2019 年 3 月 9 日。

② 《商务部回应美将华为列入管制名单：坚决维护中企权利》，中国新闻网，http：//www. chinanews. com/cj/2019/05—16/8838802. shtml。

③ 《华春莹：对于美方的这种科技霸凌主义 中国政府绝不会坐视不理》，央视网，http：//news. cctv. com/2020/04/02/ARTIh5DUk64qutRYAhG6n8lR200402. shtml。

万个 5G 基站，覆盖 30 多个国家。这些自救措施和储备合同对于短期克服美国出口管制具有重要的意义，但从长远来看，关键在于华为自主可控供应链的发展情况。

（2）媒体应对。华为在第一时间致员工信，且后续多次公开回应美国“实体清单”行为，认为这是美国政府出于政治目的持续打压华为的新举动，这与美国国家安全毫无关系，违反了市场自由竞争原则，是对美国立法程序的滥用，用立法代替审判的暴政。华为同时表示，华为有能力继续为客户服务，其销售收入可能会受到影响，但不会造成公司负增长，也不会对产业发展带来伤害。

一向低调的华为创始人任正非在孟晚舟被捕后频繁在媒体露面，直接回应美国的质疑和挑衅。2019 年 1 月 20 日，任正非回应孟晚舟事件时表示，他相信法律的力量，并将依靠法律的力量来解决这一问题。面对美国发起的技术封锁，任正非坦言，华为是全世界唯一一家把微波和 5G 都做得非常好的公司，技术竞争是和平竞争，如果用国家禁令的方式不让华为参与竞争，有损失的是对方。

2019 年 3 月 13 日，任正非在接受美国 CNN 采访时表示，中国政府从未要求在华为手机安装后门，美国以国家安全为由对华为限制是违反美国法律的行为；如果美国不再向华为公司供应零部件，受损的是美国公司，财务报表会下来，股票市场会出现大波动，没有它们，我们有替代生产的能力，从这一点来说，我们没有生存危机。

5 月 21 日，任正非在接受中央电视台专访时表示，他已经做好了打持久战的准备。他明确表示，华为没有任何违法行为，在芯片研发、业务储备方面做了充分准备，能够保证在极端情况下不受大的影响，并表示将与美国芯片企业共同成长。任正非透露，美国供应商一边帮助华为积极备货，一边积极争取美国政府的审批，强调华为将继续在研发和技术储备方面投入更大力量。

在美国公布 90 天临时通用许可证后，华为再次表达此举并未改变华为公司被不公正对待的事实，任正非说：“美国政客低估了华为的力量，对华为先进领域影响不大，至少5G不会受影响，不仅不影响，别人两三年也不会追上我们的。”

（3）战略“备胎”。面对全球竞争日益加剧、政治风险剧增的复杂形势，为了确保华为业务体系的连续性和全球竞争中的地位，华为在十几年前着手技术领域“备胎”计划。正是基于公司早期忧患意识战略倾向和应战准备，使得华为有底气面对美国极限施压和实战。

5月17日，华为海思总裁何庭波发出了一封内部信，对美国政府出口管制令做出回应，“华为在多年前做出过极限生存的假设，预计有一天，所有美国的先进芯片和技术将不可获得”，并承诺“华为仍然为客户服务”，华为海思已经为华为未来生存打造出一系列技术“备胎”。

华为海思公司成立于2004年，负责华为半导体芯片及核心器件的开发和交付。经过十多年发展，海思已经拥有具有自主知识产权的五大系列芯片，分别运用在智能设备、数据中心、人工智能等领域，涉及手机、服务器、摄像头、机顶盒、电视解码、5G基带等200多款自主知识产权的芯片，拥有专利5 000多项。其中，“麒麟”芯片已成为华为手机核心竞争力的重要武器，产品性能基本可以与高通公司的芯片媲美。2018年，海思的营业收入接近76亿美元。

此外，华为一直在研发自主的数据储存技术，其自有存储卡Nano Memory比传统Micro SD卡体积小45%，能达到256G存储空间和90MB/s传输速度，可以直接插在手机的SIM卡卡槽，适用机型包括华为P30系列、Mate 20系列、Mate X等热卖手机产品，并与国际顶尖新品公司东芝进行合作，授权东芝生产NM微型存储卡。目前，华为在全球有26个研发中心，拥有9万多项技术专利，其中有11 500多项核心专利在美国注册。华为已经是世界排名前三的人工智能芯片公司。

在操作系统方面，5月21日，即安卓系统母公司宣布暂停华为手机安卓服务的次日，华为消费者业务 CEO 余承东在接受采访时表示，华为已经在操作系统上做好应对准备，华为自主研发的操作系统“鸿蒙”曝光。5 月 24 日，国家知识产权局商标局网站显示华为公司申请注册的操作系统程序“华为鸿蒙”商标。“鸿蒙”是一款具有开源基因的软件产品，可以兼容安卓应用，实现华为主要终端产品手机、电脑、电视、汽车、智能装备的一体化。2018 年，华为已经在软硬件一体化方面有所作为，“荣耀 Play”发布会上，软硬件协同的图形处理加速技术 GPU Turbo 面世，使手机性能提升 60%，功耗降低 30%。

2020 年 3 月，华为 2019 年年度报告显示，华为 2019 年实现全球销售收入 8 588 亿元人民币，同比增长 19.1%，净利润 627 亿元人民币，经营活动现金流 914 亿元，同比增长 22.4%。2019 年，在运营商业务领域，华为引领 5G 商用进程，与全球运营商一起设立 5G 联合创新中心。移动互联网服务实现销售收入 2 967 亿元人民币，同比增长 3.8%。[①] 华为公司在 2019 年的成绩在一定程度上彰显出华为在对抗美国政治制裁、化解政治风险上的强势和韧劲。

（四）案例启示

华为事件尚未结束，美国政府的限制行为也从未停止。尽管我们无法评估华为的未来“备胎”战略和技术供应链的供给持续性和有效性，但目前看来，华为以其持续增长的销售收入、过硬的 5G 技术实力、充足的应战准备、铿锵有力的回应有效地遏制了美国政府对中国高科技产业的“闪电战”计划，通过美国本土及全球战略伙伴的深度合作，使得美国政府在对华为出口管制上长时间处于摇摆状态。

华为的发展历程及出口管制事件是科技企业走向国际市场政治风险的一个缩影，无论从战略上还是战术上，都为我们应对此类风险提

① 参见《华为 2019 年销售收入 8 588 亿元 消费者业务增长稳健》，新华网，http：//www.xinhuanet.com/2020—03/31/c_1125795120.htm。

供了启示。

首先，坚持未雨绸缪的原则，要有防范风险的先手。古人云：“凡事豫则立，不豫则废。”科技发展让我们对“不确定性挑战”有许多新的认识。在技术层面有科学认知的局限性带来的不确定性，在政治层面有技术问题政治化的不确定性。科技和产业发展的政策风险与政治家的利益企图、政策工具偏好密不可分。当我们无法识别或者准确把握政治家们的行动方向和策略时，坚持未雨绸缪原则为我们应对技术和政治风险提供了可能的出路。基于这一原则，美国的断供威胁对华为影响在一定程度上被华为海思“备胎”战略和半导体研发投入抵消，使得华为在面对美国政府强势干预下，相比其他高科技企业显得更加从容。尽管华为的“备胎”战略为华为争取到短时喘息机会，但从长远来看，要从根本上解决以安全为由的政治审查、限制等一系列问题，还需要从技术创新着手。

其次，坚持自主创新的根本，牢牢掌握国之重器。重大科技创新是国之重器，国之利器，必须牢牢掌握在自己手中，必须依靠自力更生、自主创新。习近平总书记关于科技发展的这一重要论断，为化解中国科技企业走向国际市场的政治风险提供了深刻的启鉴性。科技体制改革以来，我国在高新技术领域做了大量的政策布局。但是，我国半导体产业的核心技术与世界先进国家仍有较大差距，缺乏从应用主线到研发主线系统化的技术分布，且企业发展极不均衡。一方面，华为案例反映出我国在半导体技术领域遇到的掣肘；另一方面，华为5G技术崛起和绝对优势成为对抗特朗普为首的美国政府制裁的重要武器。迫于国际企业在全球产业价值链中对华为5G的技术依赖和利益分配需求，美国“去华为化”阴谋逐渐走向瓦解。

最后，坚持开放包容的策略，融入全球合作网络。高技术产品分类涉及技术种类繁多，科技领域各产业之间纵横交错，任何国家的企业都只是全球产业链网络中的一个环节。因此，科技企业必须坚持对外开放，坚持包容的态度，清除贸易壁垒和保护的腐蚀思想，真正融入全球产品竞争和技术融合发展中。华为案例是坚持开放合作的成功典范，其在海外运营商业务和消费者数量的快速增长、核心技术的突破都离不开国际合作。在遭遇美国政府制裁后，华为一再表示继续坚持开放合作道路，任正非在谈到“鸿蒙”时表示，“不一定要取代其他公司产品，华为手机仍然将开放的安卓系统和生态作为华为操作系统产品首选”。

三、对策建议

针对我国目前在应对走向国际市场政治风险方面的现状，本节试图提出相关政策建议，推进和完善我国在高新技术企业发展方面的战略方针和具体行动措施。

（一）准确认识美国对科技企业打击背后的政治逻辑

要冷静、科学、准确认识美国长期对我国高新技术企业实施管制、限制行为的根本目的是遏制我国科技发展和经济崛起。新一届美国政府领导人上台以来，多次以“国家安全威胁”“国家紧急状态”为借口，挑起科技、贸易领域争端，其本质是霸权主义横行的美国与新兴市场的中国之间在高端科技和全球经济主导权和话语权中的竞争。中国企业走向国际市场，一方面要认清美国政治官僚的政治野心，避免给美国找到制造“威胁论”的借口；另一方面要有忧患意识，既要打好防范和抵御风险的有准备之战，也要打好化险为夷、转危为机的战略主动战。

（二）切实推进自主技术和产业结构调整

要加大研发投入，突破核心技术。美国在高科技产业领域的发展得益于美国科技企业应用主线和研发主线“双线”发展，其特点是全技术版图的覆盖，在应用层、操作系统、云平台及计算、存储、传输、显示等功能模块和元器件上形成行业优势。中国制造业已经深度融合到全球产业价值链中，但仍处于产业链的底层。要进一步加大研发投入力度，优化研发经费投入结构，支持高技术产业上游技术链研发，发展和培育出更多拥有自主核心技术的上游科技企业，推动产业升级，实现生产向全球价值链顶层迈进，推动经济高质量发展。

同时，要用好产业政策工具，加大扶持创新型私营企业和中小企业。日本、韩国产业发展经验证明，在后发国家的快速追赶过程中，强大的产业政策工具是实现技术追赶、产业追赶最有效的途径。“高技术”一直是中国科技战略规划和产业政策中的高频词。然而，无论是早期“863 计划”，还是当前的“中国制造 2025”，国有企业均成为政策工具重点扶持的对象。半导体行业的竞争极其残酷，市场给予科技企业在技术方向上的“容错”空间甚微，同时又要容忍较长时期资金投入和亏损状态。这种情况下，科技企业一方面需要增强产品研发与市场之间的互动；另一方面更需要国家政策扶持缩短技术追赶周期。建议加大对私营企业，特别是创新动力足的中小企业的支持力度。

（三）全面加强基础科学研究

日本科学技术振兴机构 2014 年发布的《主要国家研发战略报告》指出，中国研发投入总量持续增长，但基础研究投入严重不足。从研发投入总量上看，中国的研发经费在近十年来一直保持迅猛增长的趋势，2009 年以近 1.08 万亿元人民币超过日本。不过，与发达国家相比，在投入比例上还有差距——就基础研究投入占研发总投入的比例来说，2011 年，法国为 25.3%、韩国为 18.1%、美国为 17.3%、日本为 12.3%、英国为 10.8%，而中国仅为 4.7%，远低于世界平均水平。联合国教科文组织 2015 年发布的《科学报告：面向 2030》也指出，2011年以来，中国科技取得了一系列引人注目的成就，但也面临不少的问题与挑战。报告指出，尽管2014年中国科技研发投入占GDP的2.09%，拥有更高素质的研究人员和精良设备，但中国科学家们尚未取得尖端性重大突破，也少有研究成果转化成为创新和竞争产品；并且，中国面临着100亿美元的知识产权收支赤字（2009年），许多中国企业仍然依赖外来的核心技术，国内研发支出中也仅有4.7%（2016年达到5.2%）用于基础研究方面。

纵览这几十年来基础科学研究发展的布局、近观国内外对中国加强基础科学研究的讨论、前瞻世界基础科学发展的趋势及中国高质量发展的需要，全面加强基础科学研究刻不容缓——它不仅是中国基础科学研究发展的历史必然，也是新科技革命的时代机遇，更是建设科技强国的战略选择。[①] 随着中国载人飞船、月球探测、量子通信等科技成果的逐渐出现，很多人逐渐认识到加强基础科学研究对国家发展的重大意义。我国基础科学研究有了长足的进步，但仍是建设科技强国的"短板"。因此，要下大力气加大基础科学研究，夯实科技强国的基础。

（四）加大科技人才培养力度

人才是第一资源，科技的竞争就是人才的竞争。习近平总书记指出："创新的事业呼唤创新的人才。""实现中华民族伟大复兴，人才越多越好，本事越大越好。""知识就是力量，人才就是未来。我国要在科技创新方面走在世界前列，必须在创新实践中发现人才、在创新活动中培育人才、在创新事业中凝聚人才，必须大力培养造就规模宏大、结构合理、素质优良的创新型科技人才。""要把人才资源开发放在科技创新最优先的位置，改革人才培养、引进、使用等机制，努力造就

① 参见冷伏海：《全面加强基础科学研究刻不容缓》，《光明日报》2018年4月19日。

一批世界水平的科学家、科技领军人才、工程师和高水平创新团队，注重培养一线创新人才和青年科技人才。”① 瞄准世界科技前沿领域和顶尖水平，要在关键核心技术领域取得重大突破，最关键、最活跃的要素就是高端人才。

加大科技人才培养力度，要求我们始终坚持科学发展不动摇，加大科技创新和人才培养引进力度，最大限度解放和发展科技，最大限度激发和释放人才创新潜能，为努力走出一条创新驱动、转型发展的新路子奠定坚实的人才基础。要对标国际标准，努力培养造就一大批具有国际水平的战略科技人才、科技领军人才、青年科技人才和高水平创新团队。要完善科技人才发现、培养、激励机制，拓宽科技创新人才培养模式，创造让优秀人才尽快成长的优良环境，真正让优秀人才脱颖而出。同时，要健全科研诚信体系，培养科学严谨、实事求是、精益求精的治学态度，营造风清气正、作风扎实的科研生态，推动科技人才培养形成勇攀高峰、敢为人先的创新精神，追求真理、严谨治学的求实精神，淡泊名利、潜心研究的奉献精神，集智攻关、团结协作的协同精神。

---

① 习近平：《在中国科学院第十七次院士大会、中国工程院第十二次院士大会上的讲话（2014 年 6 月 9 日）》，《人民日报》2014 年 6 月 10 日。

第六章　防范化解科技领域重大风险的国际经验

工业革命和科技革命的发展与影响，促使西方国家对防范化解科技风险的理论研究与实践运作起步较早，重视程度高，工作成效比较显著。美国、欧盟、日本从管理和技术角度，在防范化解科技领域尤其是信息科技领域、金融科技领域、生物医药领域重大风险方面，做了大量卓有成效的工作，对我国防范化解科技领域重大风险具有重要的借鉴意义和参考价值。

一、美国防范化解科技领域重大风险的做法与启示

当今世界上，美国掌握着许多尖端核心技术，是国际科技竞争力最强的国家，同时也是科技发展水平最高的国家。美国历来重视科技安全对国家安全的保障作用，在防范化解科技领域重大风险方面，美国政府始终重视科技保护计划的制定和执行，主要出于两方面的目的：一方面，主动发展科技创新始终占领科技龙头地位；另一方面，保护已有科技成果，保持科技优势。2013 年，美国兰德公司分析预测了在未来十年内美国国防及军事力量所需要的相关技术类型及趋势。从科技创新风险可能引起的相关问题中，总共准确地识别出包括深海雷达技术、计算机深层次网络技术、3D 打印技术、地对空精确打击技术等

将近20项具体技术。

(一)基本情况概述

在20世纪早期，美国学者就开始研究科技相关风险。进入20世纪70年代以后，西方工业领域对科技风险的关注重点，从研究与治理现实的科技风险转移到预测技术的应用对人类健康和环境资源等产生影响的风险。1979年3月28日发生在宾夕法尼亚州萨斯奎哈纳河三里岛核电厂泄漏事故，引起了社会强烈的震动与反思。同年，美国国会下属的科学技术委员会提议全美科学基金启动一个关于科技风险的综合研究计划。该计划关注国家科技发展的能源、材料、食品医药等重要领域的技术应用对社会的长期相对风险的评估，鼓励人文社科与技术领域、大学与科技组织的研究互补，以满足科技与环境政策的需求。

进入20世纪80年代，美国社会学者开始研究当代科技风险问题。政府决策者一方面要设立安全标准以保障公民健康不受工业有毒废弃物等的危害，另一方面还要面对公众对科技风险评估的质疑及行动。这种科技风险争议被视为一个社会问题。美国社会学家从实证主义和建构主义角度进行了大量研究，使风险研究向社会性分析转型，以探讨科技、风险与社会结构的内在关联。[①]

2001年“9·11”事件发生以后，美国更加注重依靠科学技术来应对恐怖主义，确保社会和人民群众的安全，信息、能源和交通运输系统的安全，以及城市和基础设施的安全，从而保卫国家安全。2002年6月，在国家研究委员会的资助下，美国三家学术单位及国家科学院、国家工程院和医学会组织164位专家共同完成了研究报告《让国家更安全——科学技术在反恐怖主义中的作用》。该报告认为：“无论

① 参见陈璇：《科技与风险问题的社会学经验研究进路》，《学习与实践》2013年第9期。

是海外军事行动，还是最严密的本土防卫，都无法将灾难性的恐怖主义威胁减少到零，而技术，无论是现有的可用技术，还是通过研究而创造的新技术，都可以减小恐怖主义的可能性及其后果的严重性。”

2009 年，金融危机对美国经济造成的影响日趋深入，失业率不断上升。奥巴马政府提出要依靠科技创新来应对经济危机，实现经济的复苏与增长。2010 年美国联邦研发拨款再创历史新高，达到 1 485 亿美元。2010 年美国以新能源领域为重点，同时加强了资源与环境、医药卫生等领域的研究与技术开发。为了构建美国清洁能源经济基础，减少美国对他国的能源依赖，以能源部为主实施了一系列计划项目，例如：5 年投资 2 亿美元的太阳能和水电技术投资计划、7 600 万美元的先进节能建筑技术研究计划、《2010—2014 美国智能电网研发多年项目计划》等。

（二）具体科技领域的特点

1. 信息科技领域

信息安全是指保持、维持信息的保密性、完整性和可用性，也包括真实性、可核查性、抗抵赖性、可靠性等性质。信息安全的“本质”是自主可控。大数据时代的信息安全话题，是一个新热点。大数据对信息安全提出了更高的要求，我们需要比以前的任何时候都更加重视信息安全。

美国在冷战中不仅获得了政治、经济、军事制度与战略的胜利，而且获得了信息战略的全面胜利。信息因素对于政治、经济、军事三大领域会产生长期决定性影响。美国强调用软实力对其他国家造成威胁，这也是美国信息战略的核心。进入 21 世纪，美国经济强劲增长势头受阻，“9・11”事件更预示了国际恐怖主义已经作为美国另一个强大的对手浮现。但美国快速总结了教训，及时调整了国家安全的信息战略，由“9・11”事件发生前的开放为主变成控制优先。

一是将信息安全上升到国家战略。美国是世界上第一个创立“信息安全”概念的国家。从克林顿政府开始，美国就已将国家信息安全管理提升到国家战略高度，并已将其纳入国家信息安全中长期战略规划。美国在世界范围内较早地逐步建立起了一套从联邦政府到地方州政府、到社会各个生产生活部门的全方位、多层次的信息管理系统。自2002年小布什政府组建美国国土安全部以来，美国信息科技风险防范任务正式移交到美国国土安全部。在国土安全部的领导下，美国也自上而下地建立起一个以联邦信息安全部为核心的组织结构严密、分工明确、指挥统一的国家信息安全组织体系。

二是完备的信息安全政策法规体系。美国信息安全方面的法律涵盖了网络信息资源的安全性和保密性的保护、网络信息技术开发与使用的管制等网络信息活动的方方面面。自1987年美国第一部信息安全法——《计算机安全法》出台以来，美国一直都非常重视网络信息的法制化建设。随后一系列的法律法规颁布，包括《1997年计算机安全增强法》《保护信息系统的国家计划》《保护赛柏空间的国家战略》《美国国家安全战略》《国土安全战略》《信息保障技术框架》等构成美国信息安全战略框架。

据统计，近40年来，美国已经颁布30多项信息安全法律法规。特别是近年来，为落实《国家网络战略》中“加强联邦网络和关键基础设施的网络安全”的要求，美国出台多项网络安全相关法案。仅在2019年，美国就通过了好几部相关的法律。2019年2月，美国参议院推出《2019年网络安全披露法》。4月，美国国会引入《州网络弹性法案》，支持各州扩大网络安全产品和服务采购，并为各州解决网络安全问题提供资金支持；同时，美国国会推出《物联网网络安全改进法案》。6月，美国众议院通过了《物联网设备安全改进法案》，该法案通过提高政府物联网设备供应商的标准，利用政府的购买力来推动物联网安全市场的发展；7月，美国众议院引入《网络安全漏洞修复法案》；8月，美国参议院引入《网络安全诊断和缓解增强法案》；等等。

三是注重信息科技风险防范体系建设。美国国家安全系统是美国处理涉密信息及军事、情报等敏感信息的信息系统。为保障国家安全系统安全，美国政府对进入国家安全系统的信息技术产品制定了严格的准入制度，并建立了相应的产品评估认证体系。美国国家安全系统是根据美国2002年通过的《联邦信息安全管理法案》（FISMA），由联邦机构及其合同商所使用或运行的包含涉密信息的信息系统。美国成立由国防部牵头的国家安全系统委员会，专职负责制定国家安全系统的有关政策、指令和技术指南。国家安全系统委员会是一个跨部门机构，成员单位包括中央情报局、国防情报局、商务部、国防部等21个美国政府机构和部门，由国防部首席信息官担任主席。

美国在信息保障相关战略规划与系统建设方面，代表性成果还有美国国防部针对其全球信息网的信息风险防范提出的全球信息栅格信息安全保障（GIGIA）、国家网络安全综合计划（CNCI）、网络空间可信身份国家战略（NSTIC）等。GIGIA从传统防御的信息安全保障，发展到以“威慑”为主的防御、攻击和情报三位一体的信息保障，以适应信息科技风险防范的需要。2008年，美国总统布什颁布CNCI，也称为信息风险防范的“曼哈顿计划”。CNCI完全以政府为中心，反映了美国政府对一些重大威胁的关注，以及对占领未来信息安全高地的部署，着重突出了其情报对抗能力和保障关键信息技术供应链的能力，提出了影响美国未来信息安全的三大因素：人才、技术和遏制战略。2011年4月，美国发布了NSTIC，突出强调了网络空间的战略地位，有利于美国对网络身份、行为的更好掌控。美国一旦主导了国际身份管理策略标准的制定，必然将增强其对网络空间的掌控。

四是高度重视人工智能风险。在新形势新背景下，各国围绕人工智能的激烈竞争已然开始。美国国防部部长表示，人工智能战争在未来不可避免，美国需要立即采取行动，以确保其在未来的战场上的战略优势。《美国人工智能倡议》中明确规定，在“第三次抵消战略”中必须集中力量进行创新，尤其是人工智能武器方向，致力于更加系统地融合人工智能技术，旨在通过创新发展，保证美国对核心关键能力的控制力，保持并恢复传统遏制力。同时，美国对人工智能武器的风险控制进行了有益探讨，关注人工智能武器可能带来的应用风险。例如，美国军方已经计划通过建立人工智能与机器学习政策与监督理事会，评估自主武器扩散的后果与威胁。美国政府也从全方位、多角度考虑到人工智能武器可能带来系统安全性、可靠性不足等不确定风险。

2. 金融科技领域

金融科技实质上是金融和相关科学技术的有机结合，是将以信息技术改革升级为代表的新型技术应用到金融产业链中，以实现金融功能优化和服务边界拓展的目的。金融科技以技术和数据为引擎，推动传统金融领域向智能化、便捷化、高效化的方向变革。金融安全是国家安全重要组成部分，发展金融科技要把保障金融安全作为底线和红线。在这方面，美国主要采取如下做法。

一是建立金融科技风险管理框架。金融科技安全工作牵涉部门多，美国统筹规划和明确了职能部门对金融安全工作的职责，确保金融科技安全管理高效、统一。美国设立行政实体“总统关键基础设施保护办公室”，作为联邦基础设施安全（包括金融信息安全）保护的最高管理协调机构，通过定期集会，加强关键基础设施安全保护中公共和私营部门间的合作，并在必要时向总统提交报告。财政部负责银行与金融科技安全的统筹协调；科技政策办公室负责协调安全保护方面的科研工作；等等。美国联邦金融机构检查委员会（FFIEC）制定美国统一技术风险评级体系（uniform rating system for information technology，URSIT），它作为一套专门的技术风险监管工具，用于美国所有的金融机构和IT服务提供商的金融技术风险监管，也可以专门对已经暴露金融技术风险的金融机构和IT服务提供商进行评级。

二是加强金融科技风险监管。美国金融科技产业在资本市场和风险投资市场的双重主导下，整合了科技产业、风险投资、资本市场等多个机制。2007 年源于美国的次贷危机，演变成一场全球范围内的经济危机。2010 年通过了《2010 年华尔街改革和消费者保护法》，该法案设立金融稳定监管委员会（FSOC），负责对金融体系的风险进行识别和应对，并有权建议美联储在风险管理、流动性、杠杆率、资本充足率等方面实施更加严格的监管。毕马威与澳大利亚金融风投机构在 2015、2016 联合发布的《全球金融科技 100 强》中指出，美国金融科技的发展速度落后于中国和英国，为推动 Fintech 的快速发展，美国白宫发布了《金融科技白皮书》，揭示了美国对于 Fintech 的监管模式的转变：未来美国政府对金融科技的监管模式将由当前的限制型监管向主动适应型监管转型。

2017 年 1 月，美国政府发布《金融科技框架》，阐明了政府针对金融科技发展的 6 个政策目标，并提出了克服技术偏见、实现技术标准互用性和协调性、维护金融稳定等金融科技发展和监管的 10 项原则，为金融科技创业者和监管者提供了指导。美国金融科技监管框架沿用传统金融监管框架，呈现“两广、双层、多重”特征：“两广”指金融监管范围和监管内容广泛；“双层”指联邦政府和州政府均拥有金融监管权力，尤其是保险业全部由州政府进行监管；“多重”指多个部门对金融机构负有监管职责。经过 150 多年的发展，美国金融监管职责分散在监管目标各异的联邦金融监管机构中，仅联邦层面的金融监管机构就多达 12 个，此外还有美国 50 个州和其他司法管辖区的监管机构。

三是鼓励金融科技创新。美国金融科技产业在资本市场和风险投资市场的双重主导下，整合了科技产业、风险投资、资本市场等多个机制。美国以更加宏观的视角观察理解金融生态系统发展，将金融消费者权益保护作为首要目标，提高普惠金融的发展阶段和增强本国居民的财务健康水平，紧跟最新技术的发展脉络，最大限度地减少金融服务存在的模糊边界，将网络安全、数据安全、隐私保护作为消费者权益保护的主要内容并且贯穿始终，构建金融业内部、金融业之间、金融业与客户三层信息系统，数据备份、加密技术、访问控制、入侵检测、漏洞扫描、防病毒等安全保障措施到位，每个信息系统都建立了标准化的操作规则，既提高了金融机构的管理效率和服务质量，也最大限度地避免了互联网带来的病毒感染、黑客攻击、身份假冒等安全威胁。

3. 生物安全领域

如前所述，生物安全是生物性的传染媒介通过直接感染或间接破坏环境而导致对人类、动物或者植物的真实或者潜在的危险。生物安全等级是针对生物危害的不同程度而确定的，其中包括对实验人员、实验室，乃至环境保护的要求。生物安全因其高度敏感性和巨大威胁性，受到各国政府的高度重视，成为国家安全的重要组成部分。

美国生物医药产业一直保持良好的发展态势，行业市值不断增加，一些风险投资机构纷纷将资金投入生物医药产业。总体来看，美国生物制药业的发展是生物技术和风险投资的有机结合，拥有生物技术的顶尖科学家和有长远战略眼光的风险投资家，成为美国生物制药产业得以蓬勃发展关键。美国拥有坚实的生物技术研发基础、全球领先的生物技术、世界上大半的生物医药公司和生物技术专利，无论是技术水平还是产业规模，都处于世界领先地位，成为世界生物医药产业发展的龙头。

一是重视生物安全战略的制定。美国把生物防御纳入国家安全战略范畴，发布生物防御相关的国家战略，生物防御计划的实施以相应的战略为指引。美国在生物防御战略中确定威胁感知、预防和保护、监测和检测、应对和恢复等生物防御的几个主要方面，在生物防御计划实施中也是围绕这几个方面开展的。生物防御战略的确定使美国的生物防御能力建设与生物防御计划实施有法可依，有据可循。

2009 年 11 月 23 日，美国政府以国家安全委员会的名义发布了由奥巴马总统签署的《应对生物威胁国家战略》，首次将应对生物威胁提升到国家战略的高度，该战略强调生物威胁不能由联邦政府独自面对，需要国内各阶层及国际的共同努力。同年 12 月，美国发布了《国家卫生安全战略》，该战略提出美国应尽最大努力减小所有威胁因素对公共卫生造成的不利后果。强调加强国内外的公共卫生建设，增强国家快速有效地响应公共卫生危机的能力。2001—2011 财年，美国生物防御经费投入已超过 600 亿美元。2018 年 9 月 18 日，美国联邦政府发布首个全面解决各种生物威胁的系统性战略——《国家生物防御战略》。该战略由美国国防部、卫生与人类服务部、国土安全部和农业部共同起草，将在未来共同负责相关计划实施，并提出 5 个目标：增强生物防御风险意识、提高生物防御单位防风险能力、做好生物防御准备工作、建立迅速响应机制、促进生物事件后恢复工作。

二是加强生物安全监管。近年来，以合成生物学和基因编辑为代表的两用生物技术在世界范围内蓬勃发展，然而，生命科学既可用于有益目的的研究，也容易被误用或蓄意滥用造成危害。2007 年，美国生物安全科学顾问委员会（NSABB）就曾发布生命科学两用性研究监管框架，重点提出了两用性研究的定义并列出 7 种类型的两用性研究。2012 年 3 月 29 日，《美国政府生命科学两用性研究监管政策》出台，2013 年 2 月 21 日，美国白宫科技政策办公室发布《美国政府生命科学两用性研究机构监管政策》，作为美国生命科学两用性研究监管政策的补充政策。2016 年 5 月，NSABB 投票通过《对“功能获得性”研究进行评估和监督的推荐意见》。2017 年 1 月，美国国家科学与技术委员会（NSTC）发布报告称，随着生物技术的快速发展，美国以往的以病原体清单为基础的生物安全监管办法已经难以完全满足新形势的需要，应该考虑转向以风险为基础的管理办法。2017 年 1 月 4 日，白宫发布了《2017年生物技术协调合作框架法规》最后修改版，以及附件“制定现代化生物技术产品法规的国家战略”。

美国已经建立了多个互补和偶尔重叠的生物安全和生物防护监管机制。最外围的是美国职业安全与健康管理局（OSHA）的一般责任条款和其他标准；其次是美国国立卫生研究院（NIH）和美国疾病预防控制中心（CDC）的微生物和生物医学实验室的生物安全（BMBL）：传染病因子；再次是美国交通部（DOT）、商务部（DOC）、CDC和农业部动植物检疫局（APHIS）的特定传染病因子运输、进出口管理制度，OSHA血源性病原体标准，NIH重组DNA指南；最后是卫生部（HHS）和农业部（USDA）的特殊病原监管制度。

三是加强机构间的协调与管理。生物防御是一个高度整合、多层次的监测控制网络，战略计划的实施需要联邦、州及地方政府、私人部门的相互协调、相互融合。因此美国政府问责局在对生物监测战略制定及执行的审计评估中高度关注部门间的协调和合作，2010年6月向国会提交了一份关于“提高国家生物监测能力需要制定国家战略并指定领导者”的报告。报告指出，目前美国政府对生物监测缺乏统一协调管理，包括卫生部、农业部、国土安全部等在内的多个部门分别部署的数十个生物监测系统呈现多头分散管理的状态。此报告更进一步突出了国家层面战略的意义，更明确了部门协调在战略制定实施过程中的重要性，同时有助于国会做出决策，组建一个整合的管理机构，承担总体协调的职责。①

因此，美国强调在风险评估的基础上，政府与机构或研究人员合作，制订风险降低计划，采取必要和合适的风险降低措施，包括：改进研究设计或方案；采用特殊的或增强的生物安保或生物安全措施；评估现有医学防护产品的疗效，或者通过研究评估其对抗两用性研究

---

① 参见王磊：《美国生物防御2010年发展态势分析》，《军事医学》2011年第4期。

所产生的生物剂或毒素的疗效，在公开发表的研究论文中加入有效的医学防护产品相关信息；指导机构开展两用性研究安全教育，为机构提供两用性研究教育工具；机构定期评审研究成果，以确定新的两用性研究；如果又识别出两用性研究，要求机构上报给联邦资助部门或机构，必要时提出风险降低计划的修改建议；明确负责任的研究信息交流场所和方式（强调内容、时间和发布范围）；对首席研究员的年度进展报告进行评审，明确是否出现两用性研究结果，如果是，对其进行标记，以引起机构的关注，必要时采取上述潜在的风险降低措施。[①]

（三）对我国的启示

1. 重视制定国家安全战略

美国重视国家安全战略的制定，定期发布国家防御战略、国家安全战略、国家军事战略等不同的战略。这些战略明确了国际安全发展目标，是实施相应计划的总指挥。美国把科技纳入国家安全战略范畴，发布科技安全相关的国家战略，细化网络信息安全、金融科技安全、生物医药安全等具体战略，使科技安全在国家安全战略中的地位不断上升，成为国家安全战略不可分割的重要组成部分。

2. 健全科技安全组织保障

美国政府以立法的方式建立科技安全保障，组建专门的科技安全协调机构，建立国家层面的权威的、统一的科技安全整体组织和策略。确定科技安全专门的组织、规划、管理和实施协调的管理机构，对科技安全进行有序管理，提高科技安全的政策执行和监督力度。例如美国对与密码相关的信息和系统实施统一的归口管理制度，规定美国国家安全局（NSA）负责对涉及国家安全机密的信息和系统进行管理。

---

① 参见董时军、刁天喜：《美国生命科学两用性研究监管政策分析》，《生物技术通讯》2014 年第 5 期。

3. 夯实科技风险防范的基石

机构和人才是科技创新的重要支撑，也是科技安全的重要保障。美国拥有全球顶级的IT企业和人才，IBM、易安信（EMC）、甲骨文（Oracle）等公司作为全球数据存储系统的垄断企业，其高端的数据存储技术为金融业的信息安全奠定了坚实基础。美国IT软硬件公司与科技专家高度重视技术革新对金融信息安全的保障作用。美国生物医药产业是以生物技术为基础，以大学、科研院所为出发点的，科研院所为生物医药产业提供了大量人才和关键技术。美国的生物医药产业集群都是围绕大学和科研院所建立起来的。

4. 实现风险动态持续管理

科学技术的持续更新决定了对风险的识别、管理和控制需要动态及时跟进。美国的生物威胁医学应对措施发展战略既立足现状又瞄准未来。通过加速疫苗药物的研发储备，加强基础设施和平台技术建设，旨在提升其快速研发生产能力。通过足够的战略储备，提升快速研发能力，保障遭遇大规模杀伤性武器和突发传染病发生时的高效应对。例如，美国实施生物盾牌计划，不仅增强了国家防御准备能力，还对美国生命科学和生物医学技术的发展具有推动作用，对新世纪美国抢占生命科学领域的战略制高点和大力发展生物经济具有重要意义。

5. 健全风险评估监管体系

美国重视对科技风险的评估监管，在监管机构、监管制度、监管流程上都有着成熟经验。比如专门针对银行信息系统的风险评估体系。联邦金融机构检查委员会在1998年更新和修正了“信息技术统一等级体系（URSIT）”。信息技术统一等级体系是在监管部门对网络银行进行检查时使用的，在检查完毕后在报告中向被查银行通报评价结果，它是评价银行信息化技术指标和程度的工具。信息技术统一等级体系在财政部货币管理署、联邦存款保险公司等监管当局的现场监管中均得到普遍运用。

二、欧盟防范化解科技领域重大风险的做法与启示

（一）基本情况概述

欧共体（现为欧盟）自从 1983 年开始实施科技框架计划，推动了科技计划的组织管理，不断提高了欧盟的科学技术水平。2000 年欧盟里斯本首脑会议正式提出“里斯本议程”，这是欧盟为发展知识经济、加大研发投入提出的 21 世纪第一个十年发展战略，“里斯本议程”促使欧盟及其成员国日益重视科技发展。2014 年，欧盟正式启动“地平线 2020”计划。“地平线 2020”计划作为支撑“欧盟 2020 战略”科研创新的主要政策工具，利用欧盟成员国的科研资源，促进科技创新，推动欧洲经济社会的可持续发展。为占领全球科技地图上的重要板块，欧盟一直在追加科学研究和创新投入，系统监测和评估科技领域可能存在的风险。

（二）具体科技领域的特点

1. 信息科技领域

自 21 世纪以来，随着信息科技与人们日常生产生活高度融合，欧盟一方面积极转变治理观念，由传统的先发展技术后进行治理的“被动治理”理念，转变为积极预测信息科技发展趋势，并进行管理性的提前布局与安全防线防御的“主动治理”阶段。2019 年 3 月，欧盟宣布将投资 6 350 万欧元，汇集 26 个成员国的 160 余家大型企业、创新型中小企业、高校及网络安全研究机构，共同构建欧洲网络安全专业分析网络，加强欧盟网络安全产业协同。

一是加强信息安全立法。欧盟网络信息安全政策法规的形式呈现多样化，以指令、决定、决议三种类型为主。决定具有强制性，决议属于意向性声明，而指令是欧盟最常见的立法形式，通常只确定在某

一特定领域所要达到的目标，而成员国可以根据自身的实际情况采取不同方式和手段去达到目标。欧盟注重网络空间安全法规的实施，促使各成员国去达到指定的目标；但同时又允许各国采用不同的实施方式来达到目标。而决定的大量出台，则表明欧盟网络空间安全政策法规具有执法上的权威性和彻底性。欧盟委员会先后制定了《信息安全框架决议》《欧盟电子签名指令》《关于惩治攻击信息系统行为的指令》《网络与信息系统安全指令》等多个涉及网络信息安全的法律性文件。欧洲议会于2019年3月正式通过了《欧盟网络安全法案》，首次明确提出了欧盟网络安全认证计划，促进欧盟各成员国销售的认证产品、流程和服务满足统一的网络安全标准，为各成员国开发具有互操作性的网络安全产品提供便利。

二是制定一系列规则标准指南。《建立欧洲网络和信息安全机构的规则》《信息数据监管指引规则》对于建立网络与信息安全机构及信息数据监管提出了要求。欧盟发布《网络隐私保护技术标准》，填补网络与信息安全领域的标准空白。此外，为应对愈演愈烈的网络支付欺诈事件，欧盟银行管理局出台《在线支付安全指南》，规范在线支付行为。

三是组织相关各方开展网络安全演习。2019年4月，北约举办了代号为“锁盾”的网络安全实战演习，组织了来自法国、芬兰等23个国家的网络部队和大型企业的1 200名网络安全专家参与，演习旨在强化各国在军事领域和民用领域的网络安全合作，提升网络安全事件应对和应急协同能力。

四是推动网络与信息安全及相关领域的人员教育培训。2014年，欧盟网络与信息安全局发布《欧洲网络信息安全教育项目路线图》，该报告的主要受众为网络信息安全教育领域的教育工作者，以及网络信息安全教育领域的政策制定者，该报告建议针对公众制定并出台网络信息安全教育领域的“欧洲通行证”。此外，欧洲有关组织和部门计划着手开始开发网络信息安全大规模在线开放课程（MOOCs），进一步普及网络与信息安全教育。

五是积极开展国际合作。在欧盟内部成立欧洲网络与信息安全局，负责组织、协调欧盟各成员国的网络信息安全战略规划、实践、基础设施保护、应急响应等工作，包括各成员国为了提升国民信息安全素养应当采取的各项措施。在欧盟外部成立外交部门欧盟对外行动署，其重要职责之一为开展网络与信息科技安全及相关的外交工作，并设立专门机构——数字化进程议会，专门对欧盟对外行动署（EEAS）的网络与信息安全及相关外交工作进行监督与指导。

2. 金融科技领域

欧盟是世界上互联网金融发展最早的地区之一，在欧债危机爆发后，从欧盟在防范和治理互联网金融风险方面所做出的法律制度改革过程来看，欧盟成员国意识到互联网金融法律监管的重要性，对互联网金融监管的重视程度也与日俱增。

一是完善金融风险法律体系。欧盟创造了清晰、透明、良好的金融风险法律环境，在新的互联网监管法律体系规定下，欧盟成员国及欧盟各部门之间加强了彼此之间协作、互联网金融信息的共享、互联网金融专业知识交流等。欧盟发布《电子货币机构监管指令》《国内市场支付服务指令》《反对非现金支付工具的欺诈和伪造行动框架》《增进消费者对电子支付手段的信心》等法律法规，以电子货币的监管作为核心对非金融支付机构进行监管，鼓励新型电子货币机构进入支付服务市场，对市场透明度、消费者保护等方面做出要求，鼓励市场良性竞争，规定沉淀资金仅可存放于信用机构账户或投资在监管机构认可的安全资产中。

二是构建金融科技监管框架。欧盟建立欧洲系统性风险管理委员会，把互联网金融企业纳入风险管理委员会的监管范围之内。通过制定相关指导原则和规定，对互联网金融企业进行监督和管理，在一定程度上也起到了防范互联网金融风险的作用。欧盟委员会提议根据金融科技的不同业务，对现有监管制度进行调整，以改进金融科技监管框架及具体条文。根据提议，欧洲监管机构研究分析了切合金融科技的监管方法，例如建立创新中心、监管沙盒和创新加速器。欧洲证券及市场管理局分析挖掘资本市场中的相关数据，并且还将监督投资基金管理，审批欧盟成员国或欧盟之外国家在欧盟发展金融科技的计划和协议。2017 年 4 月，英国金融市场管理局启动金融科技实验室计划，探索如何将金融科技应用到实际监管当中。欧盟主动监管金融科技，这样在面对影子银行风险时有着更多的调控灵活性和操作选择性。

三是重视金融监管科技创新。欧盟尤其是德国、爱尔兰等国家十分重视金融科技与监管科技。德国在世界范围内首先承认了比特币的合法地位，之后，The DAO、智能合约等区块链应用相继落地。此外，欧盟在服务于金融的软件方面创新不断，有为基金服务的技术软件、记录贸易数据的追踪软件、提供合规解决方案的软件等。比如，德国 Alyne 集团在欧盟范围内提供监管科技服务，爱尔兰的 Trustev 公司主打防止在线欺诈等。2016 年 1 月 12 日起生效的《支付服务法令Ⅱ》（PSD Ⅱ）赋予后来的金融从业机构获得银行账户接入权限，帮助其进入一个更加规范、标准的金融体系；2018 年 5 月 25 日起生效的《通用数据保护条例》将适用于所有涉及在线或线下存储个人资料信息的行为，为金融科技的发展提供了有益的政策支持与监管框架构建。

四是金融企业自律意识较强。欧洲央行在承担欧元区内所有银行监管职能以后，欧洲央行负责监管所有欧盟区内所有互联网金融企业牌照发放和撤销、银行和互联网金融企业相关信息的收集，以及银行业监管规定、指引或一般性指南的发布，确保监管效力能够在各成员国内有效、一致。欧洲央行同时要求互联网金融企业或机构在法律许可范围内从事互联网金融业务。在欧盟成员国范围内所有从事互联网金融服务的企业或机构都要加入欧洲央行成立的行业自律组织，保证在互联网金融法律不能进行有效监管时，可以通过互联网金融行业自律组织来约束互联网金融企业的交易行为，降低互联网金融风险的发生，推动互联网金融行业规范化发展。

3. 生物安全领域

欧盟主要面临食品安全问题，如转基因食品争议、食品污染事件、英国牛海绵样脑病（疯牛病）及其变种暴发，所以欧盟更加关注生物有机体的基因操纵，以及开发者和监管者的安全审查。“预防原则”是欧洲生物安全治理的重要原则，要求在“技术大范围内应用前，要确保严重危害不能发生或者能被控制”。

一是完善的政策保障。欧盟为了扭转医药工业与美国、日本的竞争劣势地位，加紧制定了“医药产业政策”，包括《生物技术发明的法律保护指令》和《欧洲生命科学与生物技术战略》。欧盟各成员国也采取了一系列的相关政策以促进其生物医药产业的发展。例如，为了开发平台技术（生物信息、蛋白质研究、系统生物学），根据2001年制订的生物技术框架计划，德联邦教研部（BMBF）计划在4年内为此投入8.6亿欧元。此外，联邦政府拿出1.8亿欧元建设“国家人类基因组研究网络”。2001年法国政府正式公布《2002年生物技术发展计划》，决定由国家直接拨款1亿欧元进行开发、研究和创办新企业，并通过信用担保、税收优惠等措施，使生物技术创新企业得到至少5亿欧元的资助。

二是大力发展监管科学。欧洲药品管理局（EMA）自1995年成立以来，通过药品评估和监督，逐渐在促进和保护公共卫生方面发挥着越来越重要的核心作用，并承担了主要责任。EMA积极从事研究活动，特别是旨在改进对医药产品质量、有效性和安全性的评估的监管科学研究，主要包括支持新兴和创新科学领域的研究；制定和测试药物效益和风险评价、监督的方法；改进和评估监管框架；开发和测试基础设施，以构建获益、风险监测能力。在最新的 EMA《2025 监管科学战略》中，监管科学被定义为“适用于医疗产品质量、安全性和有效性评估的科学范围，为其全生命周期的监管决策提供信息”。

三是加大生物医学领域投入。2016 年 1 月 7 日，欧盟委员会宣布将投入 9 870 万欧元启动第二轮“地平线 2020”机器人计划，旨在未来 2～5 年内面向医疗保健、交通和物流、消费和施工及验收、智能工厂应用领域提供创新机器人解决方案。为加速个性化医学实践，2016 年 11 月，欧盟委员会（EC）联合了来自 28 个国家、5 个地区的健康研究资助和政策制定机构成立了国际个性化医学联盟（ICPerMed）。2017 年 3 月 22 日，ICPerMed 正式发布个性化医学行动计划，提出了 22 个研究方向和 8 个支持举措。ICPerMed 成员和欧盟委员会将在未来两年内共同实施该行动计划，定期报告进展并分享知识，推进卫生系统建设，改善公众医疗水平。

四是发布生物技术创新规划。欧盟委员会自 2012 年发布《欧洲生物经济的可持续创新发展战略》之后，已更新其生物经济战略，发布题为《欧洲可持续发展生物经济：加强经济、社会和环境之间的联系》的报告，旨在发展为欧洲社会、环境和经济服务的可持续和循环型生物经济。这是欧盟委员会促进就业、增长和投资的重要举措之一。同时，欧盟投资银行宣布面向农业和生物经济领域启动一项新的融资举措，金额近 10 亿欧元。这一举措得到了欧洲战略投资基金的欧盟预算担保。该基金还将增设一个侧重于促进可持续农业和更广泛生物经济发展的部门。欧盟生物产业联盟获批的 17 个新项目计划则负责为欧洲当前面临的原料供应、优化处理、新型生物基产品的商业化问题制订解决方案。“欧盟科研框架计划”将生物技术的未来发展纳入重点规划领域，例如第七框架计划、地平线 2020 计划等。①

---

① 参见丁陈君、陈方、郑颖等：《生物科技领域国际发展趋势与启示建议》，《世界科技研究与发展》2019 年第 1 期。

（三）对我国的启示

1. 增强科技风险管理意识

在科技发展过程中，欧美等科技大国都发生过科技灾难或悲剧，其对科技风险的防范化解也不能做到完全有效。而我国科技和经济基础相比欧美国家更为薄弱，并且我们对科技风险的认知尚处于初级阶段，面对科技风险的挑战显得手足无措。因此，在全球科技竞争的同时，要改变传统的科技风险管理观念，未雨绸缪地提高风险警示标准，防范于未然是应对科技风险的基本措施。同时，除了具备应变能力的风险管理政府和全局思维能力的公共政策，还要摒弃以牺牲生态环境换取经济增长的落后理念，降低科技发展的生态风险。

2. 提高政府科技风险防范化解能力

在科技风险防范治理实践中，政府要通过以下几点来发挥自身的作用：一是提升治理能力，完善中间层政治，优化辅助性制度；重视非正式因素，强化价值观培育；提升科技风险治理能力，解决科技风险防患化解困境与难题。二是以职能转变和扩大授权带动主体间合作，扩大事务性授权，共享行政管理职权；明确政府科技责任，引导主体合作；加强体制机制改革，推进职能转变进程。三是积极参与国际科技风险治理，以政策工具为纽带，构建全球科技风险治理网络；积极参与全球科技风险治理，谋求话语权，维护本国利益。

3. 加强科技安全评估

明确科技安全评估机构，从安全管理框架、安全控制措施、科技安全沟通和教育等方面，定期对监管部门各类科技计划进行全面评估，并根据评估情况有针对性地开展现场检查。明确各级机构相关责任，督促相应部门及时报告安全事件及处理进展，及时防范化解重大科技风险，全方位保护我国科技安全。

4. 支持科技风险研究

就目前而言，我国的大部分科技还处于追赶发达国家的阶段，研发关注的焦点更多是科技的发展问题，而对其可能的风险应对关注不多。一旦某项科学技术出现风险，短期内没有解决之道，就会给社会造成无法挽回的严重后果。因此，政府在支持高科技发展的过程中，应该借鉴欧盟的策略，支持科技风险防范化解研究。

三、日本防范化解科技领域重大风险的做法与启示

（一）基本情况概述

冷战后，日本随着国际形势的变化逐步转变国家安全战略思想，将国家安全战略的重点由日本军事实体力量逐步转向国家信息安全，在改革日本国家实体军队体制的同时，将“信息技术建军”作为国家军队建设的指导思想，以此来达到保证国家安全的目的。同时，20 世纪 70 年代石油危机的出现充分暴露了日本经济的脆弱性和局限性，日本也充分认识到作为一个自然资源匮乏的国家，想尽早摆脱对自然资源的依赖，就必须向知识密集型产业转型。

随着 20 世纪 70 年代国内外形势的变化，“加工贸易立国”已经无法满足日本经济发展的需要。因此，日本在 1980 年确定了“技术立国”战略并把它作为新时期推动日本经济发展的基本国策，进行产业结构调整，重视高新技术产业的发展。20 世纪 70 年代末，美国每年从日本进口的随机储存芯片数量为 100 多万个。然而，到了 20 世纪 80 年代初期，日本已经占据了 64KB 芯片市场份额的 70%，并抢走了美国在全球消费性电子产品领域的部分份额。1986 年，日本半导体成交额首次超过美国，达到了 80 亿美元。但是，从 20 世纪 90 年代开始，日本由于过分担忧技术投资的风险，减少了对技术产业的投资，逐步放慢了经济前行的脚步。①

① 参见周宏仁：《信息化概论》，电子工业出版社 2009 年版。

（二）具体科技领域的特点

1. 信息科技领域

21 世纪以来，日本提出“IT 立国战略”，制定《IT 基本法》、e-Japan 战略和 e-Japan 计划，旨在全面推动信息化的建设，加大对信息技术领域的投资，加快各领域信息化的进程。[①] 在“自行研究为主，吸收引进为辅”的指导思想下，优化升级日本国家信息安全系统的信息指挥系统，在全国范围内建立“预警准确及时、响应快速高效、防范全面有力”的统一预警、指挥和控制系统，提高日本国家信息安全的防御能力。充分利用国内外高科技信息技术，提高国家安全系统的硬件信息化和设备装备水平。

一是建立政府组织与社会组织共治机制。日本建立中央国家信息保护中心，专门负责各级政府的网络信息安全、其他专门网络信息安全、国家政权机关信息技术保障等，并充分发挥信息技术研发社会团体的积极性，广泛参与信息科技安全领域相关工作。

二是信息安全评估更加科学。日本制定了诸如《计算机系统安全评估标准》的一系列网络信息安全评估指标与评估体系，并通过计算机网络技术能够即时地对网络的各个活动进行信息安全评估，实时监控网络信息活动的安全性。

三是国家信息标准体系健全。日本在国内建立基于国际标准的信息技术标准，以方便在国内统一推广使用。为了顺利成功建立并推广信息技术标准体系，日本结合国际相关信息技术标准，针对国民信息技术使用的实际情况，最终制定并通过了适合日本国家实际情况的国家信息技术标准。这在很大程度上规范了日本国家信息市场，减少了日本国家信息安全事故，对增强日本信息科技风险防范能力起到重要

① 参见李丹琳、马学礼：《日本 IT 立国战略的推进与成效分析》，《日本问题研究》2017 年第 2 期。

支撑的作用。

四是信息安全保障体系完善。日本在全国范围内建立了完善的信息保护国家系统和高效安全的数据传输系统，确保日本各级政府部门之间数据网络传输的高效性与安全性。日本将国家信息安全划分为信息安全、经济安全、国防安全、生态安全与社会安全五个子系统，在每个子系统下设置全权安全政策和选择性安全政策两个方面的政策，既能够简化信息安全工作，还能够提高日本国家信息安全防范能力。

2. 金融科技领域

随着金融科技的巨大潜力日益显现，日本政府逐渐意识到其重要性，并刻不容缓地推行一系列改革。研究显示，2015 年日本投资于互联网金融初创企业的资金已经是 2014 年的两倍，高达 1.417 3 亿美元。此外，为了促进经济的好转，改变自 1980 年至 2015 年 0.48%的较低的年经济增长率的现状，日本政府最近采取负利率，并提高通货膨胀率，鼓励人们投资，这也迫使银行在其他领域寻求可获得利润的增长点。日本在金融科技安全领域也做了不少工作。

一是重视金融科技法律。日本注重金融立法，特别是对一些金融新动态，比如 2020 年 2 月日本议会提交了关于准许使用比特币作为官方货币的提案，预计 5 月将签署成为正式法律，这使日本成为第一批在国家层面上管控比特币的国家。此提案明确规定授权发行虚拟货币的商业银行，采取实行准入限制、控制发行总量等方式，最大限度降低金融科技风险。

二是强化金融科技风险评估。各金融机构必须证明有足够的安保措施，以确保信息不会因为受到危害而产生不同类型的损害，如丢失、无法撤销、变更或被不正当披露；要充分考虑新产品和服务的风险，有应对风险的政策和程序；设立预防、侦探和纠正控制机制；制订应急计划应对突发事件的发生；以及设立员工发展计划，以提高员工提供新产品与服务的业务能力。

三是加大金融监管力度。日本将允许银行收购非金融企业的全部股权，让日本三大超级银行得以与金融科技初创企业建立合作关系，以开发包括机器人投资咨询和区块链在内的服务和技术。监管机构从最初的反对派逐渐变为现在的“袖手旁观者”，这也为金融科技带来巨大的发展契机。在非金融机构管理方面，当前的法律支持非银行机构自由经营金融服务牌照，诸如电子巨商乐天（Rakuten）、索尼（Sony）等互联网公司已经开始实施此项业务。

四是促进风险投资市场发展。日本的企业债券发行条件较高，公募企业债券发行的最低限额为20亿日元，私募企业债券发行的最高限额为100亿日元，交易活跃程度不如美国，但在促进科技金融发展方面也起到一定的作用。日本拥有较为成熟的风险投资体系。1972年，日本成立第一家风险投资基金“京都企业开发基金”，推动日本风险投资市场的快速发展，为科技创新创造了良好的融资环境。

3. 生物安全领域

日本一直重视生物安全领域的管理和技术工作。2015年9月，日本发布《加强新发传染病应对措施的基本指南》，旨在加强日本新发传染病应对措施，努力帮助国际社会应对新发传染病，保障人类安全。

一是加强安全检测和监管。以转基因生物的安全性检测和监管为例，按照“谁开发谁评价”的原则，日本主要由研发机构进行安全评价检测，但环境安全检测隔离试验场必须通过农林水产省的认证。检测任务主要来源于三个途径：政府为消除公众疑虑，委托开展的安全性试验；检测机构对自己研发的产品的安全性检测；其他研发单位租用检测机构开展安全性检测。检测机构开展环境安全检测一般要经过三个步骤：检测机构申请试验计划，将试验方案报农林水产省；农林水产省官员在试验前进行实地检查，撰写报告并备案；试验期间，各地农政局根据备案报告进行经常性检查，及时处理违规情况。由于公众对转基因生物有恐惧心理，日本对转基因生物检测机构的设施要求十分严格。隔离条件下的试验应在封闭温室或特定网室中进行，多数检测机构建立了 P1、P2 实验室开展安全性试验。[①]

二是注重新技术的创新与研发。日本重点资助纳米材料、交互系统、生物传感技术、生物应答机制和衰老研究等领域。文部科学省每年都会根据国内外的科研发展态势制定战略目标，旨在培育对未来经济社会具有重大影响的新技术。从 2015 年起着重新型药物、医疗器械和医疗技术的开发，主要包括：加深对纳米级热动力学的理解，推进创新材料及设备技术的研发；促进交互系统的发展；利用量子技术，实现生物传感技术的创新，阐明生物分子的动态变化和相互作用；细胞外粒子引起生物应答的机制阐释和控制；阐明生物体全生命周期中功能衰退的机制。

三是加强生物安全监管。日本对生物安全的监管主要侧重于转基因方面，对转基因单独立法，如日本卡塔赫纳法、食品卫生法、饲料安全法、农产品标准化法、标识法等。在 2003 年加入卡塔赫纳生物安全议定书后，日本制定了卡塔赫纳法，涉及转基因生物环境安全管理。另外，根据日本卡塔赫纳法，按转基因生物利用模式和用途制定了相应的管理条例。

（三）对我国的启示

1. 严格制定科技风险评价标准

科技风险评价需要制定严谨客观的评价标准原则，使评估活动更具公平性、公开性、科学性、规范性。借鉴国际和国内标准，基于客观、真实的角度进行准确客观的评估。将风险评价的内容、流程、结果向公众公开，增强风险评价过程的透明度、准确度；规范评价者的客观条件与资质，采取行之有效的第三方评价手段，同时大幅度吸纳

① 参见刘培磊、李宁、汪其怀：《日本农业转基因生物安全管理实施进展》，《世界农业》2006 年第 8 期。

专业人才。

2. 构建科技风险识别程序与方法

加快构建以科技发展战略为统领的制度化、流程化的科技风险识别工作程序与规范。将科技风险识别作为科技发展组织制定和实施技术发展战略的重要内容；将科技风险识别提升至组织战略的高度，通过制度化，使科技风险识别成为一项日常工作来持续不断地开展；通过流程化，将具有鲜明创新性、探索性特点的技术创新风险识别工作分解为具体可操作的步骤和程序；通过规范化，明确要求和标准，确保技术创新风险识别工作的严谨性和一致性。

3. 促进公众参与科技风险决策

伴随科技创新风险而产生的食品安全问题、环境污染问题、高科技犯罪问题等日益严峻，公众对科技风险所产生的社会影响日益关注，迫切希望知晓国家各类创新风险策略。公众正在通过参与科技创新决策，对科技创新自身及其影响、实际作用加以了解，进而对科技风险决策产生影响。因此，我国应在国家科技风险治理体系内，充分发挥社会的自行组织能力，与政府的宏观调控职能、企业的市场主体作用相互配合、相互促进、彼此补充，协同推进国家科技风险防范化解工作向前发展。

4. 加强科技创新风险评估防范国际合作

国际社会对科技风险的研究已经有相当长时间，积累了宝贵的经验，我国应积极参加国际上有关科技风险管理的交流与合作，广泛汲取各国的先进经验，促进我国科技创新发展，同时为世界科技风险防范做出我们的贡献。不仅如此，伴随全球化的快速推进，科技创新引发的任何风险都有可能迅速扩散到全世界，引发全球性风险。世界各国因全球性问题和全球性危机而形成了相互依存的命运共同体，任何国家都不可能独善其身，独立于世界之林。因此，我们更应该加强国际交流与合作，积极参与全球性科技创新联盟组织，与有关国家共担责任，协同抵御科技风险，砥砺规避可能出现的危机。

第七章　防范化解科技领域重大风险体系建设

科技领域安全作为国家安全的重要组成部分，防范化解科技领域重大风险是一项复杂系统工程。防范化解科技领域重大风险，必须立足体系建设，完善顶层设计，加强统筹协调。从实际情形看，推进防范化解科技领域重大风险体系建设，重点应从完善国家发展战略、健全国家创新体系、研发关键领域核心技术、强化科技安全基础设施建设、加快科技安全预警监测体系建设、积极参与科技全球治理 6 个方面，通过深化科技体制改革，加强体系建设和能力建设，解决资源配置重复、科研力量分散、创新主体功能定位不清晰等突出问题，提高我国科技领域重大风险防范化解能力，切实有效维护科技领域安全。

一、完善国家科技发展战略

意识决定行为，行为产生后果。战略对全局具有策划和指导作用。防范化解科技领域重大风险，首先要制定科学合理的国家科技发展战略。改革开放以来，根据不同发展阶段的要求，我国不断完善了国家科技发展战略。党的十八大以来，以习近平同志为核心的党中央高度重视科技创新，对实施创新驱动发展战略进行了顶层设计和系统部署。

我国加快推进了创新型国家建设和世界科技强国建设，创新体系和创新格局出现重大变化，全面布局高水平创新载体。

（一）实施创新驱动发展战略

哈佛大学商学研究院教授、著名国际竞争战略学家迈克尔·波特在《国家竞争优势》一书中，把创新和发展能力作为一国经济成功的最主要因素；并从更深层次上，把完善的经济制度归纳为确保自主创新的前提。党的十八大以来，习近平总书记高度重视创新驱动发展，在不同场合发表重要讲话，强调创新始终是推动一个国家、一个民族向前发展的重要力量，是引领发展的第一动力，必须“坚持走中国特色自主创新道路”，把创新摆在国家发展全局的核心位置，这是我们建设世界科技强国的出发点和落脚点。2018 年 5 月 28 日，习近平在中国科学院第十九次院士大会、中国工程院第十四次院士大会开幕式上强调，要“矢志不移自主创新，坚定创新信心，着力增强自主创新能力”。①

2013 年 9 月 30 日，中共中央政治局集体来到中关村国家自主创新示范区展示中心参观创新成果展示会。这是中央政治局首次将集体学习“课堂”搬到“红墙”外，在现场上了一堂生动的“创新课”。习近平总书记在主持学习时强调，实施创新驱动发展战略，不能“脚踩西瓜皮，滑到哪儿算哪儿”，要抓好顶层设计和任务落实。针对如何做好顶层设计，习近平总书记强调 5 个“着力”：一是着力推动科技创新与经济社会发展紧密结合，处理好政府和市场的关系，进一步打通科技和经济社会发展之间的通道，让市场真正成为配置创新资源的力量，让企业真正成为技术创新的主体。二是着力增强自主创新能力，努力掌握关键核心技术，要坚持科技面向经济社会发展的导向，围绕产业

① 习近平：《在中国科学院第十九次院士大会、中国工程院第十四次院士大会上的讲话（2018 年 5 月 28 日）》，人民出版社 2018 年版，第 10 页。

链部署创新链，围绕创新链完善资金链，消除科技创新中的“孤岛现象”，破除制约科技成果转移扩散的障碍，提升国家创新体系整体效能。三是着力完善人才发展机制，要用好用活人才，建立更为灵活的人才管理机制，打通人才流动、使用、发挥作用中的体制机制障碍。四是着力营造良好政策环境，加大政府科技投入力度，引导企业和社会增加研发投入，加强知识产权保护工作，完善推动企业技术创新的税收政策，加大资本市场对科技型企业的支持力度。五是着力扩大科技开放合作，充分利用全球创新资源，在更高起点上推进自主创新，并同国际科技界携手努力，为应对全球共同挑战做出应有贡献。①

2014 年 8 月 18 日，习近平总书记主持召开中央财经领导小组第七次会议，研究实施创新驱动发展战略的整体部署问题。会议强调，紧扣发展，牢牢把握正确方向，要跟踪全球科技发展方向，努力赶超，力争缩小关键领域差距，形成比较优势；要坚持问题导向，按照主动跟进、精心选择、有所为有所不为的方针，明确我国科技创新主攻方向和突破口。强化激励，大力集聚创新人才，要用好科学家、科技人员、企业家，激发他们的创新激情；要学会招商引资、招人聚才并举，广泛吸引各类创新人才特别是紧缺的人才。深化改革，建立健全体制机制，要面向世界科技前沿、面向国家重大需求、面向国民经济主战场，精心设计和大力推进改革，让机构、人才、装置、资金、项目都充分活跃起来，形成推进科技创新发展的强大合力。扩大开放，全方位加强国际合作，要坚持“引进来”和“走出去”相结合，积极融入全球创新网络，全面提高我国科技创新的国际合作水平。②

《国家创新驱动发展战略纲要》是新时期推进创新的纲领性文件。纲要明确提出我国创新驱动发展“三步走”战略目标：第一步，到

---

① 参见《敏锐把握世界科技创新发展趋势 切实把创新驱动发展战略实施好》，《人民日报》2013 年 10 月 2 日。

② 参见《加快实施创新驱动发展战略 加快推动经济发展方式转变》，《人民日报》2014 年 8 月 19 日。

2020 年进入创新型国家行列，基本建成中国特色国家创新体系，有力支撑全面建成小康社会目标的实现；第二步，到 2030 年跻身创新型国家前列，发展驱动力实现根本转换，经济社会发展水平和国际竞争力大幅提升，为建成经济强国和共同富裕社会奠定坚实基础；第三步，到 2050 年建成世界科技创新强国，成为世界主要科学中心和创新高地，为我国建成富强民主文明和谐的社会主义现代化国家、实现中华民族伟大复兴的中国梦提供强大支撑。可以看到，我国建设世界科技创新强国“三步走”与现代化建设“三步走”的目标是相呼应的。[①]

《国家创新驱动发展战略纲要》的战略部署按照“坚持双轮驱动、构建一个体系、推动六大转变”进行布局，构建新的发展动力系统。其中，双轮驱动就是科技创新和体制机制创新两个轮子相互协调、持续发力，抓创新首先要抓科技创新，补短板首先要补科技创新的短板。要明确支撑发展的方向和重点，加强科学探索和技术攻关，形成持续创新的系统能力。体制机制创新要调整一切不适应创新驱动发展的生产关系，统筹推进科技、经济和政府治理三个方面体制机制改革，最大限度释放创新活力。“一个体系”就是建设国家创新体系，要建设各类创新主体协同互动和创新要素顺畅流动、高效配置的生态系统，形成创新驱动发展的实践载体、制度安排和环境保障。明确企业、科研院所、高校、社会组织等各类创新主体功能定位，构建开放高效的创新网络，建设军民融合的国防科技协同创新平台；改进创新治理，进一步明确政府和市场分工，构建统筹配置创新资源的机制；完善激励创新的政策体系、保护创新的法律制度，构建鼓励创新的社会环境，激发全社会的创新活力。“六大转变”体现在发展方式从以规模扩张为主导的粗放式增长向以质量效益为主的可持续发展转变，发展要素从传统要素主导发展向创新要素主导发展转变，产业分工从价值链中低

---

① 参见中华人民共和国科学技术部：《中国科技发展 70 年（1949—2019）》，科学技术文献出版社 2019 年版。

端向价值链中高端转变，创新能力从“跟踪”“并行”“领跑”并存、“跟踪”为主，向“并行”“领跑”为主转变，资源配置从以研发环节为主向产业链、创新链、资金链统筹配置转变，创新群体从以科技人员的小众为主向小众与大众创新创业互动转变。明确了9个重点领域技术发展方向，包括信息、智能制造、现代农业、现代能源、生态环保、海洋和空间、新型城镇化、人口健康、现代服务业。在创新布局上，从科技创新、产业创新、区域创新、组织创新、军民协同创新、大众创新等方面进行了系统部署。

强化国家科技发展战略部署，就是要在加强重大创新领域战略研判和前瞻部署的基础上，抓紧布局国家实验室，重组国家重点实验室体系，建设重大创新基地和创新平台，形成国家战略科技力量，完善产学研协同创新机制，系统提升我国科技创新能力，为应对科技领域风险、保障国家安全提供战略支撑。同时，稳步推进中央与地方协同，使部省会商和资源集成不断加强。围绕国家战略，聚焦地方重大工作部署，加强部省会商，集成国家和地方科技资源，发挥聚合效应，推动地方经济社会发展。部省会商推动实施差异化的区域政策，推进国家区域发展战略的有效实施，区域发展空间格局的进一步优化。

（二）坚持安全发展理念

安全发展是指国民经济和区域经济，各个行业和领域，各类生产经营单位的发展，以及社会的进步与发展，必须以安全为前提和基础。党的十八大以来，以习近平同志为核心的党中央，站在实现中华民族长远发展和“两个一百年”奋斗目标的战略高度，丰富和发展了安全发展理念。

2013年6月6日，习近平总书记在就做好安全生产工作做出的重要指示中，首次提出了安全发展的红线意识——人命关天，发展决不能以牺牲人的生命为代价，这必须作为一条不可逾越的红线。同年11

月 24 日，他在青岛现场听取黄岛经济开发区东黄输油管线泄漏引发爆燃事故情况汇报时强调："各级党委和政府、各级领导干部要牢固树立安全发展理念，始终把人民群众生命安全放在第一位，牢牢树立发展不能以牺牲人的生命为代价这个观念。这个观念一定要非常明确、非常强烈、非常坚定。"[①] 2014 年修订的《安全生产法》，明确将"坚持安全发展"作为安全生产工作的基本理念。

此后，安全发展理念逐步从安全生产扩展至其他领域，进一步成为指导我国经济社会发展的基本原则之一。2015 年 5 月 29 日，习近平总书记在主持十八届中央政治局第二十三次集体学习时强调："各级党委和政府要切实承担起'促一方发展、保一方平安'的政治责任，以完善食品安全责任制、安全生产责任制、防灾减灾救灾责任制、社会治安综合治理责任制为重点，明确并严格落实责任制。"[②] 党的十九大报告把"坚持总体国家安全观"列为新时代坚持和发展中国特色社会主义基本方略之一；强调"统筹发展和安全，增强忧患意识，做到居安思危，是我们党治国理政的一个重大原则"；要"树立安全发展理念，弘扬生命至上、安全第一的思想，健全公共安全体系"。2019 年 11 月 29 日，习近平总书记在主持中央政治局就我国应急管理体系和能力建设进行第十九次集体学习时再次强调，各级党委和政府要切实担负起"促一方发展、保一方平安"的政治责任，严格落实责任制。党的十九届四中全会审议通过的《中共中央关于坚持和完善中国特色社会主义制度、推进国家治理体系和治理能力现代化若干重大问题的决定》强调："坚持总体国家安全观，统筹发展和安全，坚持人民安全、政治安全、国家利益至上有机统一。"

科技是一把双刃剑，发展得好是动力，发展不好则会带来巨大的

① 中共中央文献研究室编：《习近平关于社会主义社会建设论述摘编》，中央文献出版社 2017 年版，第 143 页。

② 中共中央文献研究室编：《习近平关于社会主义社会建设论述摘编》，中央文献出版社 2017 年版，第 154—155 页。

安全问题。科技领域同样要贯彻落实安全发展的理念，让安全成为发展的前提，发展成为安全的保障。习近平总书记指出："要加快科技安全预警监测体系建设，围绕人工智能、基因编辑、医疗诊断、自动驾驶、无人机、服务机器人等领域，加快推进相关立法工作。"① 当前，人工智能、基因编辑、无人机、无人驾驶等新兴技术蓬勃发展，在给人们的生活带来越来越多方便的同时，也隐藏着巨大的安全隐患。如果忽视这些尖端科研技术背后隐藏的科研隐患，可能会给人类带来意想不到的灾难。为此，要建立有效的风险防范化解机制，正确地分析和预测这些科研成果背后的巨大正效应及可能带来的负效应，加快科技安全预警监测体系建设。

二、健全国家创新体系

2014 年 6 月 9 日，习近平总书记在两院院士大会上强调，我们正面对着推进科技创新的重要历史机遇，机不可失，时不再来，必须紧紧抓住。我国科技发展的方向就是创新、创新、再创新。加强防范化解科技领域重大风险体系建设和能力建设，必须完善国家创新体系，解决资源配置重复、科研力量分散、创新主体功能定位不清晰等突出问题，夯实自主创新的物质技术基础，加快建设以国家实验室为引领的创新基础平台，健全产学研用协同创新机制，从而不断提高科技创新能力，提高科技创新体系整体效能。

（一）发挥中国特色制度优势，走中国特色自主创新道路

党的十八大以来，我国抓住了新一轮科技革命机遇，科技事业取得巨大进步，重大创新成果竞相涌现，科技创新从跟跑为主转变为

---

① 《提高防控能力着力防范化解重大风险 保持经济持续健康发展社会大局稳定》，《人民日报》2019 年 1 月 22 日。

“跟跑”“并跑”“领跑”三跑并行。然而，关键核心技术受制于人的局面还没有得到根本改变，科技成果转化率较低的局面也没有根本改变，这是科技领域最大的风险。

中国特色社会主义制度优势，是中国特色自主创新道路的最大优势。党的十九届四中全会提出，中国特色社会主义制度是党和人民在长期实践探索中形成的科学制度体系，我国国家制度和国家治理体系具有多方面的显著优势。习近平总书记在论述中国特色自主创新道路时指出：“这条道路是有优势的，最大的优势就是我国社会主义制度能够集中力量办大事，这是我们成就事业的重要法宝，过去我们搞‘两弹一星’等靠的是这一法宝，今后我们推进创新跨越也要靠这一法宝。”[①] 我国社会主义制度具有全国一盘棋、集中力量办大事的政治优势。“两弹一星”是在政治环境异常严峻、经济条件异常艰苦的条件下，建立了全国全民之力集中力量办大事的历史丰碑。改革开放以来，我国依靠这个法宝，有所为、有所不为，自主实现了科技发展的重点突破。习近平总书记指出：“我国很多重大科技成果都是依靠这个法宝搞出来的，千万不能丢了！要让市场在资源配置中起决定性作用，同时要更好发挥政府作用，加强统筹协调，大力开展协同创新，集中力量办大事，抓重大、抓尖端、抓基本，形成推进自主创新的强大合力。”[②]

走中国特色自主创新道路，要充分发挥中国共产党全面领导、社会主义制度能够集中力量办大事的独特政治优势、组织优势，采取非对称战略，增强自主创新能力。要以体系建设和能力建设为根本，增强防范和化解系统性科技风险的能力。防范和化解科技风险，最根本的是依靠能力，体系建设是能力提升的保障，我国应进一步完善国家

① 中共中央文献研究室编：《习近平关于科技创新论述摘编》，中央文献出版社2016年版，第35页。

② 习近平：《在中国科学院第十七次院士大会、中国工程院第十二次院士大会上的讲话（2014年6月9日）》，《人民日报》2014年6月10日。

创新体系，解决科技发展中存在的资源配置重复、科研力量分散、创新主体功能定位不清晰等突出问题，提高创新体系整体效能。同时，加强科技安全体系和能力建设，巩固厚植“天河一号”超算、曙光计算机、飞腾 CPU、“银河麒麟”操作系统等为代表的自主安全可控全产业链优势，打造自主创新的重要源头和原始创新的主要策源地。

（二）强化国家实验室在抢占科技创新制高点中的重要载体作用

党的十八届五中全会提出，要在重大创新领域组建一批国家实验室。2016 年 5 月 30 日，习近平总书记在全国科技创新大会、两院院士大会、中国科协第九次全国代表大会上讲话强调：这是一项对我国科技创新具有战略意义的举措。国家实验室是国家组织开展基础研究和应用基础研究、聚焦和培养优秀科技人才、开展高水平学术交流、具备先进科研装备的重要科技创新基地，在国家创新体系中发挥着核心和引领作用，已成为孕育重大原始创新、推动学科发展和解决国家战略重大科学技术问题的重要力量。

健全国家创新体系，要以国家实验室建设为抓手，强化国家战略科技力量，在明确国家目标和紧迫战略需求的重大领域，占领有望引领未来发展的战略制高点。我们应掌握世界上其他国家实验室在使命定位、规划布局、研究领域、目标任务、治理结构及运行机制方面的发展规律，探索建立一套符合国家实验室特点和基本运行规律的管理体制和运行机制，着力破除当前研究机构科研工作分散封闭、交叉重复的体制机制障碍，着力解决资源配置重复、科研力量不集中、创新主体功能定位不清晰等突出问题，构建权责清晰、开放协作、运行高效的新型体制机制，进一步强化国家实验室作为创新基础平台引领者的地位。以重大科技任务攻关和国家大型科技基础设施为主线，依托最有优势的创新单元，整合全国创新资源，建立目标导向、绩效管理、协同攻关、开放共享的新型运行机制，建设突破型、引领型、平台型一体的国家实验室。[①]

（三）不断健全产学研用深度融合的协同创新机制

产学研用协同创新正成为科技创新发展的重要形式。诸多重大科技创新不再是单一主体的活动，而必须由多个创新主体参与、协同，这已是创新能否成功的关键因素。"产学研用"是一种合作系统工程，也就是生产、学习、科学研究、实践运用的系统合作。推动产学研用一体化发展，是坚持创新驱动发展、加强创新体系和创新能力建设的一项重要内容。产学研用合作的关键在于突破产、学、研、用各自为政的壁垒，立足于社会发展和国家利益，将隶属于各个不同管理体系的科技人才和资源进行有机的结合，从而实现科研产出的最大效应。

健全国家创新体系，必须不断健全产学研用深度融合的协同创新机制。要围绕国家使命，依靠跨学科、大协作和高强度支持开展协同创新的研究基地。以国家目标和战略需求为导向，瞄准科技前沿，在布局一批体量更大、学科交叉融合、综合集成的国家实验室基础上，不断完善产学研协同创新机制。面向战略性新兴产业发展和传统产业改造升级的重大需求，我国积极推动了企业主导的产业技术创新战略联盟建设。依托联盟开展产业共性技术研发、技术标准制定、成果转化推广应用，已取得高速列车、煤制烯烃、低温电解铝等一批重大创新成果。建立以政府为主导、充分发挥市场配置资源作用、各类科技创新主体紧密联系和有效互动的协同创新机制。鼓励企业与高校、科研院所共建一批面向市场需求的联合实验室、中试基地、专利池等合作载体，形成产学研联合攻关、优势互补、利益共享、风险共担的协同创新格局。

---

① 参见冯伟波、周源、周羽：《国家实验室技术转移模式与影响因素的研究进展综述》，《科技管理研究》2019 年第 10 期。

三、研发关键领域核心技术

2018 年 7 月 13 日，习近平总书记在主持中央财经委员会第二次会议时强调，“关键核心技术是国之重器，对推动我国经济高质量发展、保障国家安全具有十分重要的意义”。[①] 我国科技发展正处于从量的积累向质的飞跃、点的突破向系统能力提升的重要时期。比如，随着移动互联网、大数据应用快速兴起，流量激增给信息通信网络带来巨大挑战，解决网络数据流井喷式增长成为全球信息通信领域的竞争高地。不过，我国关键核心技术受制于人的局面未根本改变。加大自主创新制度机制优势、研发原创成果、提前布局专利、培养技术人才，方可实现核心技术自主可控。

（一）突破关键核心技术

关键核心技术受制于人，是我国产业和经济自主发展的重大短板，也是我国科技领域风险的重要方面。2018 年 5 月 28 日，习近平总书记在中国科学院第十九次院士大会、中国工程院第十四次院士大会开幕会上指出：“实践反复告诉我们，关键核心技术是要不来、买不来、讨不来的。只有把关键核心技术掌握在自己手中，才能从根本上保障国家经济安全、国防安全和其他安全。要增强‘四个自信’，以关键共性技术、前沿引领技术、现代工程技术、颠覆性技术创新为突破口，敢于走前人没走过的路，努力实现关键核心技术自主可控，把创新主动权、发展主动权牢牢掌握在自己手中。”[②]

实现关键核心技术自主可控，要充分遵循市场经济、科学研究和

---

① 《提高关键核心技术创新能力 为我国发展提供有力科技保障》，《人民日报》2018 年 7 月 14 日。

② 习近平：《在中国科学院第十九次院士大会、中国工程院第十四次院士大会上的讲话》，人民出版社 2018 年版，第 11 页。

技术创新的规律，跟踪世界科技前沿和发展趋势，围绕加快建设世界科技强国目标，紧扣“卡脖子”的核心关键技术项目，组织联合攻关，实现重大突破。加大力度突破制约产业发展的核心关键技术。从体制机制创新入手，把握好新一轮科技革命带来的机遇，将优势资源积聚到重点领域，集中力量突破关系到国家安全和产业命脉的“卡脖子”技术，力求取得关键核心技术的突破，改变关键核心技术受制于人的局面。充分发挥市场和政府两个方面的作用，形成重大科技进步与产业技术创新协同推进的有效机制，加快补足产业发展的技术短板。

以网络信息技术为例。计算机网络信息技术的广泛应用是社会发展的需求，如何在核心技术发展上取得突破，赢得主动权，是我们面临的一项重要任务。2016 年 10 月 9 日，习近平总书记在十八届中央政治局第三十六次集体学习时讲话指出：“网络信息技术是全球研发投入最集中、创新最活跃、应用最广泛、辐射带动作用最大的技术创新领域，是全球技术创新的竞争高地。我们要顺应这一趋势，大力发展核心技术，加强关键信息基础设施安全保障，完善网络治理体系。要紧紧牵住核心技术自主创新这个‘牛鼻子’，抓紧突破网络发展的前沿技术和具有国际竞争力的关键核心技术，加快推进国产自主可控替代计划，构建安全可控的信息技术体系。要改革科技研发投入产出机制和科研成果转化机制，实施网络信息领域核心技术设备攻坚战略，推动高性能计算、移动通信、量子通信、核心芯片、操作系统等研发和应用取得重大突破。”①

（二）加大原始创新力度

技术创新模式包括原始创新、跟随创新和集成创新。原始创新是指前所未有的重大科学发现、技术发明、原理性主导技术等创新成果，

① 习近平：《加快推进网络信息技术自主创新 朝着建设网络强国目标不懈努力》，《人民日报》2016 年 10 月 10 日。

它意味着在研究开发方面特别是在基础研究和高技术研究领域取得独有的发现或发明。在三种不同的技术创新模式中，原始创新处于重要的核心地位，是最根本的创新，是最能体现智慧的创新，是一个民族对人类文明进步做出贡献的重要体现。

中国科学技术发展战略研究院于2018年发布的《在改革开放中成长——中国科技进步对世界的贡献与全球科技创新治理建议》蓝皮书中指出，中国在几十年间走过了发达国家数百年才完成的工业化道路，靠的是劳动密集型、资本密集型、技术密集型三大创新的协同演进，通过引进消化吸收再创新，集成创新、原始创新，以及建立在全球化分工基础上的开放创新等，最终完成技术创新的积累和蜕变，进入创新驱动发展的新阶段。蓝皮书显示，在原始创新方面，一些处于新兴产业领域的中国企业有能力开展应用基础研究活动，能够紧跟产业技术前沿。例如，华大基因创业伊始就参加了国际人类基因组计划，之后又陆续在水稻基因组计划等方面取得多项具有国际先进水平的成果。还有的企业一直保持高水平的研发投入。例如，华为公司2016年的研发投入为608亿元，在欧盟委员会2016年12月底发布的“2016全球企业研发投入排行榜”中居中国第一、世界第八，使华为在信息通信基础设施设备等领域保持国际领先地位。这表明中国企业有机会、有能力在一些新兴或技术范式变化较快领域开展原始创新活动，从科技领域的追随者逐步成为并行者。

研发关键领域核心技术，要加大基础研究和应用基础研究支持力度，强化原始创新。为此，要面向世界未来科技发展前沿，重视原始性专业基础理论突破，保证基础性、系统性、前沿性技术研究和技术研发持续推进，强化自主创新成果的源头供给，深耕基础研究，提高原始创新能力。重点加强体现新科技革命发展趋势和国家需求导向的基础研究，重点在电子信息、先进制造、能源等领域进行布局，持续攻克“核高基”（核心电子器件、高端通用芯片、基础软件）、集成电路装备、宽带移动通信、数控机床、油气开发、核电等领域关键核心技术，取得重大标志性成果。[①] 提高核心基础零部件（元器件）、先进基础工艺、关键基础材料、产业技术基础等方面的基础能力，加快科技成果在航空航天、通信、金融、交通、电力等重点领域的推广应用，确保重点行业和领域安全可控。促进跨学科、跨领域的优势研究力量集成，力争在更多领域引领世界科技发展的方向。

（三）注重关键技术专利布局

国家知识产权局发布的《海外专利布局实务指引》指出，专利布局是对专利申请的周密规划和统筹安排，通过对专利申请时间、地域和途径的选择、专利保护内容的谋划等，有策略地部署形成专利格局。专利布局以专利挖掘和专利组合为基础，但又不仅仅是专利挖掘和专利组合。专利挖掘是从创新成果中提炼出具有专利申请和保护价值的技术创新点和方案，重在“找点”；专利组合是依照技术上的关联性，围绕不同功能，对专利进行结构和数量上的集合，重在“叠加”和“互补”。依靠不同专利之间的相互协同作用，往往可以打破单个专利在技术、时间保护上的局限性，消除专利文件撰写瑕疵的不利影响等。而专利布局是有目的性的专利挖掘、专利组合的过程。专利布局的关键与核心在于“规划”与“策略”，通过规划“设局”，通过策略“成局”，服务于企业发展需求。

专利布局是一种有规划、有策略地挖掘和部署专利的行为。通过综合产业、市场、法律等因素，对专利进行有机结合，涵盖利害相关的时间、地域、技术、产品等维度，构建严密高效的专利保护网，形成有利格局的专利组合，可以避免关键技术专利申请的盲目性和零散性，提升专利申请资源的利用效率及其专利群的整体价值，为关键技

① 参见张厚明：《我国“核高基”产业陷入发展困境的成因与对策研究》，《科学管理研究》2015 年第 2 期。

术不受制于人提供切实有效的专利支撑。

注重关键技术专利布局，是推进关键领域核心技术研发的重要内容。在研发重大原创成果的同时，要提前布局专利，确保创新主动权、发展主动权牢牢掌握在自己手中。要以前瞻性的视野进行总体规划，“技术未动，专利先行”，将关键技术转变为核心控制力和竞争力。要以国家战略需求为导向，在生物和医药、信息、新材料、先进制造、先进能源、海洋、资源环境、现代农业、现代交通、航空航天等关键技术领域超前布局。加大知识产权保护力度，制定和完善与标准有关的政策，支持企业、行业组织积极参与国际标准的制定。完善专利技术实施的利益分配机制，推动专利技术向生产力转化。

（四）加强科技人才队伍建设

创新驱动的实质是人才驱动，人才是创新的第一资源。2018 年 5 月 28 日，习近平总书记在中国科学院第十九次院士大会、中国工程院第十四次院士大会开幕会上强调，要牢固确立人才引领发展的战略地位，全面聚集人才，着力夯实创新发展人才基础。“功以才成，业由才广。世上一切事物中人是最可宝贵的，一切创新成果都是人做出来的。硬实力、软实力，归根到底要靠人才实力。全部科技史都证明，谁拥有了一流创新人才、拥有了一流科学家，谁就能在科技创新中占据优势。”他还指出：“当前，我国高水平创新人才仍然不足，特别是科技领军人才匮乏。人才评价制度不合理，唯论文、唯职称、唯学历的现象仍然严重，名目繁多的评审评价让科技工作者应接不暇，人才‘帽子’满天飞，人才管理制度还不适应科技创新要求、不符合科技创新规律。”①

加强科技人才队伍建设，是推进关键领域核心技术研发的重要内

① 习近平：《在中国科学院第十九次院士大会、中国工程院第十四次院士大会上的讲话》，人民出版社 2018 年版，第 18—19、19 页。

容。核心技术自主可控，从长远来看是核心技术人才自主可控。要着力破除体制机制障碍，加快推进科技人才培养、评价、激励、引进等重点领域和关键环节改革，不断健全完善有利于人才各尽其能、各展其才的制度体系。要改进科技人才培养支持机制，创新科技人才教育培养模式，改革科技人才评价方式，针对不同岗位制定不同的评价标准和考核周期，探索建立健全符合自身发展的科技人才评价制度，完善科技人才激励机制，建立以增加知识价值为导向的收入分配制度，加大科技成果转化激励力度，扩大科研机构和科研人员自主权，激励科技人才创新创业，真正激发科研人员，特别是高精尖人才在攻破关键核心技术方面的能力。①

四、强化科技安全基础设施建设

新一轮科技革命和产业变革蓬勃兴起，科学探索加速演进，世界主要发达国家普遍强化了基础研究战略部署，全球科技竞争不断向基础研究前移。党中央高度重视基础研究顶层设计，不断优化基础研究支持体系。习近平总书记指出，基础研究是整个科学体系的源头，是所有技术问题的总机关，只有重视基础研究，才能永远保持自主创新能力。要高度重视基础创新能力，要从国家发展需要出发，瞄准世界科技前沿，抓住大趋势，打好基础，实现前瞻性基础研究、引领性原创成果重大突破，夯实世界科技强国建设的根基。2018 年，《国务院关于全面加强基础科学研究的若干意见》正式出台，提出我国基础科学研究到 2020 年、2035 年和 21 世纪中叶的发展目标。为此，要从完善基础研究布局、建设高水平研究基地、壮大基础研究人才队伍、提高基础研究国际化水平、优化基础研究发展机制和环境 5 个方面进行

① 参见许伟、张小平、占林涛：《科技人才管理影响因素与促进机制研究》，《科技进步与对策》2015 年第 2 期。

系统部署，强化科技安全基础设施建设。

（一）加强基础设施建设在基础研究中的重要作用

建设一批科研基础设施，加强科研基础资源共享，力争在基础研究上取得重要进展和突破，对于支撑科技安全具有重大意义。习近平总书记在中国科学院第十九次院士大会、中国工程院第十四次院士大会开幕式上指出："化学、材料、物理等学科居世界前列，铁基超导材料保持国际最高转变温度，量子反常霍尔效应、多光子纠缠世界领先，中微子振荡、干细胞、利用体细胞克隆猕猴等取得重要原创性突破，悟空、墨子、慧眼、碳卫星等系列科学实验卫星成功发射，500 米口径球面射电望远镜、上海光源、全超导托卡马克核聚变装置等重大科研基础设施为我国开展世界级科学研究奠定了重要物质技术基础。"①

为提升基础研究能力，我国不断加强了重大科研基础设施、国家野外科学观测研究站、国家科技资源共享服务平台等科研条件建设和资源共享，部署和建设了一批基础设施，为我国基础研究提供了系统化支撑，对于形成一个结构合理、机制灵活，具有持续创新能力的国家创新体系具有重要作用。未来，要进一步加强科技安全基础设施建设的前瞻布局，加大对空间、海洋、网络、核、材料、能源、信息、生命等科技领域重大基础设施攻关力度，以实现关键核心技术安全、自主、可控为目标。面向科学前沿加强原始创新，鼓励在新思想、新发现、新知识、新原理和新方法方面的突破，强化源头储备。②

（二）推进国家重要科技平台区域开放共享服务

国家科技资源共享服务平台要面向科技创新、经济社会发展和创

---

① 习近平：《在中国科学院第十九次院士大会、中国工程院第十四次院士大会上的讲话》，人民出版社 2018 年版，第 4 页。

② 参见樊潇潇、李泽霞、宋伟、陈娟：《重大科技基础设施预先研究管理解析及思考》，《科技管理研究》2019 年第 2 期。

新社会治理，加强优质科技资源有机集成，提升科技资源使用效率，为科学研究、技术进步和社会发展提供网络化、社会化的科技资源共享服务。[①]《国务院关于国家重大科研基础设施和大型科研仪器向社会开放的意见》，科技部、海关总署《纳入国家网络管理平台的免税进口科研仪器设备开放共享管理办法（试行）》，财政部、科技部《中央级新购大型科研仪器设备查重评议管理办法》等文件出台以来，推进科研仪器设施开放共享，加强国家科技资源共享服务平台与运行，做好科技资源调查等工作相继展开，我国科研设施与仪器开放共享政策制度日益完善。

根据《国务院关于国家重大科研基础设施和大型科研仪器向社会开放的意见》提出的“建成覆盖各类科研设施与仪器、统一规范、功能强大的专业化、网络化管理服务体系”要求，科技部组织启动了“重大科研基础设施和大型科研仪器国家网络管理平台”建设工作。2016 年，我国重大科研基础设施与大型科研仪器国家网络管理平台上线运行。平台具有信息集成、信息展示、在线服务、管理评价及评估考核五大核心功能，可集中展示我国各类科研设施与仪器资源开放信息，支持科研人员多维度检索、浏览及在线预约，并通过服务数据的采集分析、可视化展示等方式支撑相关部门对科研设施与仪器开放服务进行全方位的管理、监督及考核。平台建成后，开放共享仪器数量不断增加，服务和管理功能不断完善，已经具备了一站式预约服务、运行服务记录采集、仪器购置查重评议、开放共享评价考核等功能，实现了对仪器的全链条管理。

推进国家重要科技平台区域开放共享服务，要积极推动国家平台的优化整合工作，紧密衔接科技创新规范布局，确立国家科学数据中心和资源体系。推动大型科学仪器、自然科技资源、科学数据等重要

---

① 参见中华人民共和国科学技术部：《中国科技发展 70 年（1949—2019）》，科学技术文献出版社 2019 年版。

科技平台在一定区域内开放共享服务，在支撑共享服务平台门户系统建设、提高科技资源服务水平、积极开展平台标准化工作、提高科技资源服务水平等方面发挥重要基础作用。在大型科学仪器方面，加大科研设施与仪器开放共享的政策支持。

（三）进一步保障自然科技资源和科学数据安全

我国在自然科技资源和科学数据方面，开展了一系列工作。如何提高其安全性能是现实中的一项紧迫任务。在自然科技资源方面，建设一批支撑高水平创新的基础设施和平台，建设一批国家重点实验室，加快建设大型共用实验装置、数据资源、生物资源、知识和专利信息服务等科技基础条件平台，比如国家水产种质资源共享服务平台、国家微生物资源共享服务平台、国家人类遗传资源共享服务平台、全国公共脐带血细胞资源中心、动植物标本、实验材料资源等。① 在科学数据方面，当前，我国的科学数据海量大、形式复杂、管理难度大，比如地球系统、人口健康等国家科学数据平台已经集聚了跨部门、跨学科的多种科学数据。

保障自然科技资源和科学数据安全，是强化科技安全基础设施建设的重要内容。要增强我国科学数据工作的规范管理，对科学数据采集汇交与保存、共享利用、保密与安全等方面提出要求。提升开放共享服务的水平和能力，明确各方职责分工，强化法人单位主体责任，体现了“谁拥有、谁负责”“谁开放、谁受益”。对科研项目产生的科学数据进行强制性汇交，提出加强科学数据管理能力建设。加强对科学数据共享和利用的监管，加大知识产权保护力度，促进数据积累和开放共享。②

---

① 参见中华人民共和国科学技术部：《中国科技发展 70 年（1949—2019）》，科学技术文献出版社 2019 年版。

② 参见李善青等：《大数据背景下科学元数据的重要问题研究》，《科技管理研究》2019 年第 18 期。

五、加快科技安全预警监测体系建设

（一）加快科技风险立法工作

“经国序民，正其制度。”制度问题是带有根本性、全局性、稳定性、长期性的问题。法律规范是最基本的制度，具有集预见性、强制性和广泛性于一体的特点，是事前防范、规避风险的有效方式之一，也是体现公平正义的重要途径。

我国现行科技法对科技风险未给予足够的重视，使得现有法律法规不足以应对当今世界科技活动的发展变化和防范化解科技领域重大风险的实际需要，没有发挥其事前有效防范、抵御各类风险的应有作用。我国以往的法律多注重科技的经济效益而较少考虑科技的风险性。《科技进步法》《促进科技成果转化法》做出了“国家禁止危害国家安全、损害社会公共利益、危害人体健康、违反伦理道德的科学技术研究开发活动”的规定，而《科技评估管理暂行办法》《关于改进科学技术评价工作的决定》则对科技成果评价做出了相关的规定。但客观来看，这几部法律存在着较明显的缺陷，如对科技风险与科技的负效应规定较少，只有原则性的规定而缺少具体实施细则、具体的执行条款等。在责任主体的规定上也存在着主体、责任不明的状况。

习近平总书记强调，要加快科技安全预警监测体系建设，围绕人工智能、基因编辑、医疗诊断、自动驾驶、无人机、服务机器人等领域，加快推进相关立法工作。在科技风险管理中，通过法律可以对技术风险和危害管理进行强有力的威慑。针对我国目前的科技立法尚不够完善，尤其是缺乏科技风险的相应规定的问题，在以后的立法中必须着眼于科技风险的社会现实，变革立法理念，完善法律条款，用科学而合理的法律手段来防控科学技术风险。在立法活动中，要加强对科技风险重视程度，对科研活动过程设置必要的风险评估手段，对科技风险引发的灾难性后果承担的法律责任做出更加清晰明确的规定。

（二）健全科技风险管理机制

风险管理是防范化解重大风险的基本手段。一项科技成果的研发并非简单地将其投入社会应用之中，还需要对该项科技成果的后续运行进行管理和监控，通过有效的管理机制来规避风险。作为社会管理者的政府来讲，在建立科技风险的管理机制时，需要发挥其服务和管理的职能，尽可能在科技的研发和管理上起主导作用并积极推广高新技术，并将科技应用的负面效应降至最低限度。

在风险管理的各个环节中，风险预警具有特殊重要作用。风险预警以特定的风险现象作为研究对象，经过对风险对象中所发生的特定的事件进行监测识别、诊断分析、警示预控等一系列环节，在此基础上通过积极主动的预警来达到最大限度地规避风险的目的，具有风险监测、社会解释、预见警示和社会批判与构建的功能。科技风险不仅对科技实施主体产生直接的损失，还会间接损害国家、公众等主体的利益，以及对生态环境造成相关的危害和损失。当风险显现时，公众对于风险产生于何处、何时发生及风险的危害程度等均无从知晓，这就容易使公众处于一种恐慌状态。因此，风险预警就显得很重要。

（三）不断对科技风险评估体系进行创新

科技自身的复杂性和不确定性给科技风险评估带来了一定困难，而在科技成果应用过程中面临的多种因素会导致所产生的风险往往超出人们的想象。由于这些因素的存在，如果用一套固定的评估模式来评估不断出现的新风险，就会导致风险无法被评估出来，因此，我们需要不断地对科技风险的评估体系进行创新，以应对不断变化的科技风险。要开发风险评估技术与系统，建立典型灾害综合风险评估指标模型、城市脆弱性分析方法与模型，开发城市灾害链动态风险评估方法，等等。

例如，在城市物联网方面，需要建立基于物联网智能感知的城市典型风险综合监测系统，突破基于物联网智能感知的城市典型风险源监测技术，并建立基于物联网智能感知的城市典型风险源综合监测系统。超高层建筑施工装备集成平台具有高承载、高适应、高安全、智能化等特性，针对超高层建筑开发了不受高度限制、无须消耗电能、速度可调的高效载人逃生装置。发展了管线精准探测技术，研发了大规模管网病害诊断技术，实现了市政管网从静态风险评估到动态运行风险监测预警的跨越，研发了复杂地质条件下地下管道非开挖精细化注浆修复成套技术。建立城市群跨区域多因素综合风险评估技术、城市人员宏微观基本运动行为的建模方法和网络化运营大客流冲击风险防控技术、大规模人群转移模拟分析和路径优化技术、城市群跨区域协同会商与态势汇总技术。①

（四）增强全社会科技安全意识

“事因于民者必成。”安全意识是做好防范化解科技领域重大风险的思想前提，全社会共治是做好防范化解科技领域重大风险的重要基础。群众路线是党的根本工作路线，以毛泽东为主要代表的中国共产党在长期斗争中形成了一切为了群众、一切依靠群众和从群众中来到群众中去的群众路线。习近平总书记强调：“要坚持群众观点和群众路线，坚持社会共治，完善公民安全教育体系，推动安全宣传进企业、进农村、进社区、进学校、进家庭，加强公益宣传，普及安全知识，培育安全文化，开展常态化应急疏散演练，支持引导社区居民开展风险隐患排查和治理，积极推进安全风险网格化管理，筑牢防灾减灾救

① 参见中华人民共和国科学技术部：《中国科技发展 70 年（1949—2019）》，科学技术文献出版社 2019 年版。

灾的人民防线。”①

增强全社会的科技安全意识和防范化解科技领域重大风险的能力，涉及政府部门、专业机构、各大企业、研究机构、新闻媒体、社会公众等方方面面。一方面，在产学研用各个环节都要增强科技安全意识。密切跟踪世界科技发展前沿方向，结合我国重点领域、重大工程、重大项目部署和实施，分析可能存在的科技安全风险和重大隐患，增强科技安全意识，加强评估预警，加强对重点领域的持续关注与预警，建立重大科技安全事件应急处理机制，对新技术、新产业发展及时形成广泛参与的动态治理结构。另一方面，要加强科技保密宣传和教育培训，提高全社会科技保密意识。着重社会公众科技意识的培养，扩大科技惠民的覆盖面，缩小数字鸿沟，有效防范和化解社会矛盾。

六、积极参与全球科技治理

（一）统筹国内国际两个大局，深入参与全球科技创新治理

美国《纽约时报》专栏作家佛里德曼（Thomas L. Friedman）在《世界是平的》一书中指出，科技和通信领域如闪电般迅速地进步，使全世界的人可以空前地彼此接近。在全球化时代，任何一个国家和民族想要追求自身的发展，就必须以一种合作的态度来关注世界发展，正确对待所面临的共同科技合作与风险。2018 年 5 月 28 日，习近平总书记在出席中国科学院第十九次院士大会、中国工程院第十四次院士大会时强调，要“深度参与全球科技治理，贡献中国智慧，着力推动构建人类命运共同体”；“要坚持以全球视野谋划和推动科技创新，

① 参见《充分发挥我国应急管理体系特色和优势 积极推进我国应急管理体系和能力现代化》，《人民日报》2019 年 12 月 1 日。

全方位加强国际科技创新合作，积极主动融入全球科技创新网络”。[①]

科技是世界性的、时代性的，发展科技必须具有全球视野，建立健全全球合作治理机制。特别是近年来，以生命科学为代表的新兴技术在快速发展的同时，带来了诸多全球性伦理风险，需要推动形成合理有效的全球治理模式。目前，欧美等发达国家的少数权威专家与组织在上述治理体系中发挥着主导作用。当前，我国在全球生命科技领域取得的成就有目共睹，但在参与相关领域的全球治理（尤其是全球科学共同体自治）方面却存在明显的短板。这既不利于我国相关科技领域长期发展战略的实现，也不利于我国在全球治理中树立负责任大国的形象。因此，建议国家大力鼓励和促进科学共同体广泛参与全球科技治理。

深度参与全球科技治理，是深入推动构建人类命运共同体的重要内容。全球科技发展治理需求，为我国带来了重大挑战和机遇。例如，在生命科学等领域，少数发达国家权威专家群体主导的行业自治在全球范围内的实际影响非常有限，已有全球治理规范尚未吸收更为广泛的全球科学共同体（尤其是来自发展中国家的科学共同体）的呼声。党的十八大以来，我国致力于构建以合作共赢为核心的新型国际关系，对发达国家、新兴经济体和发展中国家的政府间科技合作进行分类布局，有效加强多边科技合作，推进“一带一路”倡议，开创与沿线国家科技创新互联互通新局面，积极探索科技开放合作新模式、新路径、新体制，全方位融入全球创新网络，国际科技创新合作在国家整体外交战略中的地位日益凸显。

随着我国参与全球治理整体能力和意愿大幅提升，我国将更加积极地参与科技全球治理，在全球科技治理中有更大作为。习近平总书记指出：“我们坚持融入全球科技创新网络，树立人类命运共同体意

① 习近平：《在中国科学院第十九次院士大会、中国工程院第十四次院士大会上的讲话》，人民出版社2018年版，第17、18页。

识，深入参与全球科技创新治理，主动发起全球性创新议题，全面提高我国科技创新的全球化水平和国际影响力。”① 为此，要把鼓励和促进科学共同体参与全球科技治理作为中国参与全球治理的重要内容，更加积极地参与国际规则制定，在国际规则重构中形成我国科技发展的优良环境，主动赢得主动权、话语权。制定国际科技风险治理公约。各类公约的制定和实施为国际与地区合作提供了准则依据。各相关国家应在遵守国际条约的基础上加强双边和多边的协调合作，以提升应对科技风险的能力。

（二）建立项目、人才、基地一体化的国际科技合作资源配置体系

自主创新是开放环境下的创新。科技创新需要建立全球科技资源和力量合作共享的体制机制，从而实现资源配置的最优化。只有不断深化国际科技交流合作，建设开放型国际化的创新高地，优化科技开放合作环境，才能在更高起点上推进自主创新，才能更好地利用好国际创新资源，构建更多的合作共赢伙伴关系，从而更快更好地提高我国科技实力。

建立健全国际科技合作资源配置体系，要建立“项目—人才—基地”一体化的国际科技产业发展平台，聚集国际高端创新资源。项目、人才和基地是开展国际科技合作的主要载体，也是我国推动国际科技合作的重要抓手。要充分集聚国际国内项目资源。落实国家重大国际合作倡议，培育国际大科学计划和大科学工程，促进有重要发展前景的重大科技创新合作，推动国际科技合作基地发展和产业标准突破，引导产业技术国际合作布局。推动国家国际科技合作基地建设。将国际科技合作平台纳入国家合作平台，有效打破各部门在国际科技合作

① 习近平：《在中国科学院第十九次院士大会、中国工程院第十四次院士大会上的讲话》，人民出版社 2018 年版，第 3 页。

工作与团队建设上的条块分割，强化各部门在国际科技合作中的协同与融合发展，有力支撑并推动国家国际科技合作的总体战略。

（三）要加大国际顶尖高层次人才引进力度

科技人才已成为我国建设世界科技强国的关键力量。特别是国际顶尖人才，活跃在国民经济各行业各领域，在推动技术进步和产业发展、增进中外文明交流互鉴中发挥着重要作用。习近平总书记指出，要实行更加积极、更加开放、更加有效的人才引进政策，聚天下英才而用之，让有志于来华发展的外国人才“来得了、待得住、用得好、流得动”。改革开放以来，我国重视科技人才队伍的建设，从中央到地方出台了一系列关于科技人才引进、培养、使用、评价、激励和流动的政策措施，逐渐建立起我国科技人才政策体系，培养和造就了大批科技领域的优秀人才，为科技创新提供了坚实的基础。不过，同新任务新要求相比，“我国人才发展体制机制还不完善，激发人才创新创造活力的激励机制还不健全，顶尖人才和团队比较缺乏”，[①] 仍是我国科技领域存在的亟待解决的一个突出问题。

随着全球化的深入发展，作为创新之本的科技人才的跨国流动更加频繁，各国对科技人才的争夺更加激烈。“在全球化浪潮持续发展和科技人才成为全球竞争的核心资源的背景下，美国、英国、加拿大等国相继出台相应的科技人才引进政策，网罗和储备全球科技人才。科技人才引进政策有助于为建设世界科技强国从顶层设计上统筹规划，引进科技人才队伍，形成全球科技人才聚集机制。”[②] 硬实力、软实力，归根到底要靠人才实力。因此，要以国际合作项目为主要抓手，以国际合作基地为平台，以人才为着力点，充分发挥政府主导、企业

---

① 习近平：《在中国科学院第十九次院士大会、中国工程院第十四次院士大会上的讲话》，人民出版社 2018 年版，第 8 页。

② 苗绿、王辉耀、郑金连：《科技人才政策助推世界科技强国建设——以国际科技人才引进政策突破为例》，《中国科学院院刊》2017 年第 5 期。

主体、市场配置、行业服务的作用，实现国际科技资源的集聚整合与优化配置。

（四）要建立双边和多边的国际科技合作治理组织

通过建立双边和多边的国际科技合作治理组织，深入参与全球科技治理，有利于最大限度用好全球创新资源，发挥“1＋1＞2”的效应，从而在全球创新格局中牢牢占据有利地位。目前，欧美等发达国家的少数权威专家与组织在以生命科学为代表的新兴技术治理体系中发挥着主导作用，这既不利于我国相关科技领域长期发展战略的实现，也不利于我国在全球治理中树立负责任大国的形象。

建立双边和多边的国际科技合作治理组织，是积极参与科技全球治理的重要方法。要通过联盟形式积极主动融入全球科技创新网络，鼓励我国科学家发起和组织国际大科学计划和大科学工程，利用“一带一路”国际合作的契机，建设面向沿线国家的科技创新联盟和科技创新基地。在风险治理方面，国际原子能机构和经济合作和发展组织都对科技风险给予了极大关注，并采取了一系列措施来规避和治理科技风险；要加强国际科技风险治理监督。在科技活动中，各个国家之间对于科技风险治理不当或不及时的现象应进行积极监督，督促其及时有效地减小或处理科技风险造成的危害。

后　　记

党的十九大宣告:"经过长期努力,中国特色社会主义进入了新时代,这是我国发展新的历史方位。"新时代对我们党长期执政能力和领导水平的要求也发生了深刻变化,要求我们坚持底线思维,增强忧患意识,统筹发展和安全两件大事,着力防范化解重大风险,保持经济持续健康发展和社会大局稳定,为决胜全面建成小康社会、实现中华民族伟大复兴的中国梦提供坚强保障。

科技领域安全是国家安全的重要组成部分,防范化解科技领域重大风险是我国防范化解重大风险的重要内容。2019 年 1 月 21 日,习近平总书记在省部级主要领导干部坚持底线思维着力防范化解重大风险专题研讨班开班式上的重要讲话中,强调维护科技领域安全坚持"五个要":要加强体系建设和能力建设,完善国家创新体系,解决资源配置重复、科研力量分散、创新主体功能定位不清晰等突出问题,提高创新体系整体效能;要加快补短板,建立自主创新的制度机制优势;要加强重大创新领域战略研判和前瞻部署,抓紧布局国家实验室,重组国家重点实验室体系,建设重大创新基地和创新平台,完善产学研协同创新机制;要强化事关国家安全和经济社会发展全局的重大科技任务的统筹组织,强化国家战略科技力量建设;要加快科技安全预警监测体系建设,围绕人工智能、基因编辑、医疗诊断、自动驾驶、无人机、服务机器人等领域,加快推进相关立法工作。

本书旨在深刻学习领会习近平总书记关于防范化解科技领域重大风险的重要论述,重点从前沿生物技术风险、核心技术受制于人的风险、走向国际市场的政治风险三个方面，分析我国科技领域重大风险的基本态势和防范化解工作的现状，提出防范化解科技领域重大风险体系建设的对策建议。

本书是团队合作的成果，由来自中央党校（国家行政学院）、中国医学科学院、浙江大学、中央财经大学、北京城市系统工程研究中心等机构的学者共同完成。各章具体分工如下：导论、第二章，钟开斌；第一章，林炜炜；第三章，俞晗之、薛杨；第四章，金星晔；第五章，李芳；第六章，林炜炜、付玉伟；第七章，林炜炜。林炜炜协助钟开斌对全书进行了统稿。

希望本书能够给读者有益的帮助。由于作者能力有限，加之防范化解科技领域重大风险是一个新兴课题，书中内容难免有疏漏甚至错误之处，衷心希望读者能够予以指正。

作　者

2020 年 9 月